智能时代创新精益管理系列

精益班组管理实战

新益为◎著

LEAN TEAM
MANAGEMENT PRACTICE

人 民 邮 电 出 版 社

北 京

图书在版编目（CIP）数据

精益班组管理实战 / 新益为著. -- 北京：人民邮
电出版社，2022.4
（智能时代创新精益管理系列）
ISBN 978-7-115-58524-0

Ⅰ. ①精… Ⅱ. ①新… Ⅲ. ①制造工业－班组管理
Ⅳ. ①F407.406.6

中国版本图书馆CIP数据核字(2022)第009463号

内 容 提 要

本书以生产制造型企业精益班组管理实战为导向，以星级班组为评价认证基准，结合企业现场管理等的实际要求，用来自企业生产一线的大量真实案例，全面介绍了班组精益管理项目的筹备与启动、一星精益班组到五星精益班组的打造与评价等方面的具体实施策略与方法。同时，本书配以丰富的图表对这些具体实施策略与方法的操作内容与操作要点进行阐述，确保企业更有效地推进班组管理活动，为企业有效进行班组管理奠定坚实的基础。

本书适合企业管理人员，生产现场管理人员，人力资源部等工作人员，以及生产管理领域的研究人员阅读参考。

◆ 著　　　　　新益为
　　责任编辑　　李士振
　　责任印制　　周昇亮
◆ 人民邮电出版社出版发行　　北京市丰台区成寿寺路 11 号
　　邮编　100164　　电子邮件　315@ptpress.com.cn
　　网址　https://www.ptpress.com.cn
　　三河市中晟雅豪印务有限公司印刷
◆ 开本：720×960　1/16
　　印张：16　　　　　　　　　2022 年 4 月第 1 版
　　字数：358 千字　　　　　　2022 年 4 月河北第 1 次印刷

定价：89.80 元

读者服务热线：(010)81055296　印装质量热线：(010)81055316
反盗版热线：(010)81055315
广告经营许可证：京东市监广登字 20170147 号

前言

今天，企业之间的竞争变得更加激烈，以区域性、行业性为主的传统商业竞争模式已被颠覆。信息、金融、交通、管理等领域的应用技术迅猛发展，逐渐将全国乃至全球的供应、生产、制造、营销、服务等环节串联成一个整体。无论企业是否愿意，其面对的"竞争战场"都在不断扩大。尤其是移动互联网的发展，使信息更为高效快速地被传播开来，企业时时刻刻都暴露在社会舆论之中，任何风吹草动都可能使企业陷入危险境地。这就要求企业在注重生产制造效率的同时，更应确保质量，以免因为质量问题被迫面对意想不到的风险。

对生产制造型企业而言，其最基本的生产单元，即班组的具体表现，是影响企业成败的关键。

班组是产品最直接的接触者，现场生产环境是否安全，库存，设备的工作效率，以及班组成员的技能水平、操作标准、工作状态等诸多因素，最终都会影响产品质量。一旦班组出现问题，就可能给企业带来难以估算的损失。这就要求企业积极跟上时代潮流，对班组进行精益管理，同时在打造班组标杆的基础上，使用以点带面的方式，推动企业整体的发展。

本书基于生产制造型企业的班组管理，详细介绍了班组在成长过程中可能出现的问题，对企业如何构建精益班组并推进精益班组管理水平升级，提供了具体的方法、方案和计划。

本书第 1 章主要讲述了班组管理的内涵、认知与理解，以及精益班组管理项目的筹备与启动。

在第 2 ~ 6 章中，本书结合现场 6S 管理的内容，建议企业对现场生产环境、设备、人员素养进行管理和改善，实施一系列措施，以推进精益班组的星级体系建设。

精益班组的星级分为 5 级。其中，精益一星班组管理的重点是改善现场环境，夯实精益班组管理基础。精益二星班组管理对员工自身的技能提出了要求。

精益三星班组管理是对班组的生产成本、产品质量、现场安全、产品交付等进行管理。精益四星班组是在精益三星班组的基础上运营的，可使班组成员更加高效地工作。精益五星班组管理是对前面的改善成果加以巩固，通过树立标杆、班组评比等方式，保持班组成员持续建设精益班组的热情，实现自主维护循环管理。

通过五星评级体系，企业可以从粗放型的班组管理起步，由一星拾级而上，有计划、有层次、有参照地不断提高班组管理水平，最终实现整体精益管理。

社会进步让全人类设立新目标、萌发新希望，同样也对企业提出了更高的要求。企业必须通过不断优化、改善管理模式来应对挑战。精益管理是现代企业管理思想的主流，班组作为企业中最基本的生产单元，其活跃性和实力影响着企业的发展水平。因此，班组精益管理是企业优化、改善管理模式的着力点。

只有做好班组精益管理工作，企业才能有效提升竞争力、实现快速发展，本书将在这一过程中，为企业管理者、精益管理思想的实践者助力。

编者
2022 年 2 月

目录

第1章 做准备，精益班组管理项目的筹备与启动

第2章 一星班组：制造现场，打造精益班组管理核心

第3章　二星班组：技能训练，夯实全员改善基础

第4章　三星班组：班组指标，打造全员改善班组

第5章　四星班组：班组运营，创建高效班组

第6章 五星班组：班组绩效，自主维护循环管理

第 1 章

做准备，
精益班组管理项目的筹备与启动

精益班组管理是牵一发而动全身的企业精益管理项目。企业从自身最基本的生产单元着手进行革新，以看似细微的变化，推动整体管理模式的改变。为此，企业必须足够重视精益班组管理项目的筹备与启动工作，从局部开始，成就全局。

1.1 班组管理的内涵

企业的管理结构一般呈金字塔状，从上到下依次为决策层（高层）、执行层（中层）、操作层（基层）。高层"动脑"，中层"动口"，基层"动手"。基层为满足运行需要形成班组，企业所有的生产活动的开展都由班组作为支撑，班组管理的重要性由此可见一斑。

1.1.1 班组与班组管理

班组是企业内最基本的生产单元，提高班组成员的素养和技巧水平，增强其能力，确保各项生产指标和任务按时完成，有助于提高企业的竞争力。

1. 班组

班组处于生产服务的第一线，它把生产过程中相互协同的同工种工人、相近工种工人或不同工种工人组织在一起，从事生产活动。

班组看似普通，实则与企业发展紧密相关，其作用不容小觑，主要体现在以下两个方面。

（1）班组是企业组织生产经营活动和管理活动的基本单元。班组是企业生产与经营中主要的一环，俗话说，"上面千条线，下面一根针"，企业的各项规章制度、管理条例和工作流程，经过上传下达最终都要落实到班组。就像链条上紧密相连的环，班组是链条上最基本、最重要的一环，不可或缺。

（2）班组的工作质量直接关系到企业的经营与发展。班组直接面向每个员工，员工的表现决定着班组的工作质量，班组的工作质量与企业的发展有直接的关系。因此，只有不断强化班组管理，才能使企业在经营发展的道路上焕发生机，成为市场竞争中的佼佼者。

2. 班组管理

班组是企业内最基本的生产单元，班组管理则是企业最基本的管理工作，其作用是对企业基层人力、财力、物力进行合理细化、协调、分配和利用，确保企业精益求精、自我超越，整体工作有条不紊地开展。

班组管理的内容如图1.1-1所示。

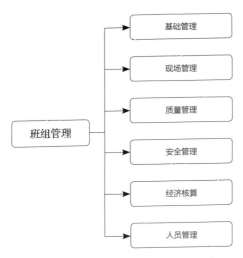

图1.1-1　班组管理的内容

（1）基础管理。班组基础管理的主要任务是为班组有效运行而建立行为规范、调动和整合资源。在企业班组中，基础管理工作通常包括规章制度、定额管理、标准化工作、计量管理和原始记录5个方面的内容。

（2）现场管理。企业生产体系不同，生产现场也各不相同，无论是加工、装/卸货、检测等场所，还是其他形式的一系列作业和工作场所，都要有适用于生产过程的投入产出有效性要求，并据此对现场加以管理。

（3）质量管理。质量管理是企业经营管理的一部分，班组质量管理是企业质量管理的重要组成部分。随着社会不断进步和发展，班组质量管理主要是通过质量控制、质量保证和质量改进来提升产品质量的。

（4）安全管理。班组安全管理贯穿生产全过程，应该遵循5个准则：一是零事故，二是系统性，三是全员性，四是预警性，五是科学性。

（5）经济核算。为有效控制现场成本，企业需通过对生产现场的投入和产出的计算，评价班组的生产效益，这是整个生产现场的管理基础，也是现场管理中必不可少的一环。

（6）人员管理。班组人员管理主要包含班组人员配备和岗位技能培训两个方面的内容。班组人员的岗位技能培训是班组人员管理的重点，根据各班组中工种的不同，企业需分别对相应的人员进行业务素质和综合能力方面的培训。

实施班组管理，一方面，可以让企业不断优化业务结构、调整主体计划和制定与业务相对应的计划，使其利益最大化；另一方面，可以使现场业务开展的质量满足企业战略发展和经营的目标要求，为未来发展创造动力。

1.1.2 班组基础

班组全体成员应充分了解班组的管理和生产工作，才能确保各项指标和任务的完成。其中，对班组基础的了解尤其重要。

班组基础，即为使班组有效运行而建立的行为规范、调动和整合的资源。班组基础的主要要素如图1.1-2所示。

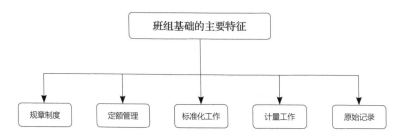

图 1.1-2 班组基础的主要要素

1. 规章制度

班组长是企业和员工沟通的桥梁。班组规章制度的建设能对班组长开展工作产生积极作用，这一点主要体现在管理水平和组织能力方面。

班组长身处一线，对基层工作十分熟悉。但是，如果让他们直接站在企业的宏观角度，发现班组管理工作的漏洞并提出改进意见，这对他们而言会是极大的挑战。面对班组内可能出现的抵制声、可能萌发的抱怨情绪，班组长需要主动站出来承担责任、解决问题，而不能怕得罪人。因此，无论目的是指导班组长的管理工作，还是为他们提供具体的管理工具，企业都需要通过建立规章制度来维持班组管理秩序，提升班组管理水平。

2. 定额管理

定额管理是指为进行正常的生产经营活动，企业在一定的技术、组织条件下，对消耗和利用的各类资源的数量标准进行管理。

在企业生产过程中，设定班组定额是提高劳动生产效率的必要手段，是衡量员工对企业贡献程度的重要标准，也是企业成本管理的有效基础。建立健全的定额体系，强化班组定额管理，有利于班组管理工作的开展，保障企业平稳发展。

3. 标准化工作

标准化工作是班组建设的基本内容。在不同的企业内，班组成员对标准化工作有不同的理解。

从宏观角度看，不同行业的企业班组的主要工作职责都离不开落实并严格遵守关于生产技术的国家标准、行业标准和企业标准。

从微观角度看，各个班组为了完成自己的工作内容，会执行属于自己岗位的标准化作业，主要包括生产和服务标准化、工序操作标准化、日常管理标准化以及原始记录标准化等作业。

4. 计量工作

为使计量单位统一、量值准确一致，企业可采取多种计量行为，即开展计量工作。

班组层面的计量工作是企业计量工作的基础，主要包括按规范开展班组计量检测和计量管理工作，以及正确使用和管理计量器材。

班组开展计量工作，不仅是帮助企业实现集约化生产的基础，还能提高产品质量，科学合理地将能源和原材料资源相结合，保证企业安全生产。

5. 原始记录

原始记录是指企业进行各项生产经营活动时，各班组以表格的形式记录的与生产相关的文字和数字。班组原始记录是班组工作经验积累的基础，也是企业原始记录的来源。

班组使用的记录方法通常包括岗位记录、专人记录、计算机记录和仪表自动记录等。班组原始记录的内容，包括生产过程记录、技术执行记录、材料消耗记录、设备运转和维修保养记录、安全生产记录和管理记录等。

通过记录、管理和统计分析等手段，班组能对运行数据信息进行有效管理，进而帮助班组进行管理的改善。班组的原始记录工作能为班组的建设提供动力，也能改变企业面貌。

1.1.3　班组团队建设

班组是企业的基层团队，班组团队建设事关企业生产、管理效率及产品质量，对企业的品牌建设、市场拓展亦有深刻影响。

企业管理模式的精益改革应当是由上到下的彻底变革，最终要将精益管理落实到生产现场，落实到班组团队建设上。从"粗放"到"精益"的转变不是一蹴而就的，需要班组自主践行，逐步建立"全员参与、预防管理"的精益文化。班组成员需重新认识自己在团队内的角色，在具体的生产流程、质量控制等方面，以指标化、数据化等量化、标准化的思路取代经验主义，以此来夯实班组团队建设和管理的基础，推动企业更好地向前发展。

班组团队建设水准将决定班组运行效率。建设班组团队的方法如下。

1.　营造班组内的精益文化氛围

精益生产的核心是以目标为导向，消除浪费、提高生产效率。以生产现场为中心，改革生产操作方式及班组的各项工作制度是实现精益管理目标的必经之路。同时，企业文化变革是精益改革的切入点和难点。班组成员的生产、管理理念将在很大程度上影响生产方式变革措施的落实与执行。只有先充分激发班组成员践行各项措施的自主性和积极性，才有可能顺利实现班组精益管理。

企业在营造班组内的精益文化氛围时应注意以下几点。

（1）引导班组成员转变角色认知，由被动执行变主动探索。

（2）引导班组成员转变面对异常问题的态度，核查和改善要从自身做起。

（3）引导班组成员树立重视标准和使用精益工具的意识，用以数据为依据的理性分析替代经验主义。

2. 构建班组制度管理体系

精益管理思想在基层落地生根的基础，是完善的制度保障。企业应当通过指标化、数据化、标准化、程序化、表格化的方式明确任务目标，完善质量管理模式，推动工作考核制度、绩效激励制度建设，明确班组内各岗位的工作职责和工作流程。其中，企业领导者应特别注重班组长职责的完善及相关考核制度的建立，因为精益生产任务需落实至基层团队，而班组长是基层团队的责任人，是引导班组成员践行精益改革要求的骨干力量。

构建班组制度管理体系离不开对精益班组模型的认识。精益班组模型如表1.1-1所示。

表1.1-1　精益班组模型

项目	内容				
1 个目标	提升企业核心竞争力，培育精益人才				
3 个核心	文化		人才		效益
5 个支柱	班组管理	人才育成	团队改善	班组文化	班组指标
	有制度 有标准 有执行 有检查	一流班组成员 一流班组长 一流团队	自主改善 自主创新 自主学习 自主评价	礼仪文化 竞争文化 团队文化 学习文化 完美文化 参与文化	完美品质 高效生产 可控成本 安全现场 优质团队
2 个体系	班组星级晋升体系			班组循环评价体系	

班组制度管理体系的构建，强调班组成员的责任意识，注重激发班组成员的积极性和自觉性，由此才能建立上述精益班组模型。

3. 建立班组精益生产技术体系

生产活动是企业运营和发展的基石，是为企业创造利润的关键环节。对班组生产技术体系进行精益改革的主要方式是指标化、数据化、标准化、程序化、表格化，主要做法如下。

（1）企业应在长期实践的基础上明确需要进行精益改革的生产技术环节。

（2）企业应完成对该生产技术环节的工艺标准化、员工作业标准化分析，引导班组成员重视标准和程序。

（3）企业应引入精益工具，对生产技术环节的异常问题进行分析，引导班组成员自主使用精益工具处理疑难问题。

（4）企业应建立自主检测的质量控制模式，引导班组成员自主检测产品质量，将质量问题控制在生产过程中加以解决，而不要将责任归咎于质量检测部门。

4. 确立班组人才培养体系

人才是企业的根本，班组成员是企业发展的基础和动力。培养熟练掌握生产操作技能、擅长管理基层团队日常事务，且能自主处理异常问题的员工，可迅速提高生产现场的管理水平。因此，确立班组人才培养体系，是企业实施班组精益管理的内在需要。

企业班组人才培养应从树立精益管理理念出发，以生产现场为中心，在加强基本操作技能训练的基础上，通过内部培训和外部培训相结合的培训模式，增强班组成员自主改善的能力。企业应引导班组成员在发现异常问题时，自主应用精益工具进行理性分析，并提出解决方案，构建班组成员自主检测的质量控制模式，将质量问题控制在基础生产环节。

同时，企业可以从班组成员个人职业生涯规划的角度出发，结合基层班组成员以技术人员为主的实际情况，为其提供管理岗位与技术岗位两大发展方向。

班组成员是精益管理的动力源泉。班组团队建设应从文化、制度、技术、人才培育等方面贯彻精益生产、持续改善的理念，引导班组成员转变角色认知，激发其自主性。企业应在基层生产管理的各个环节引入精益工具，转变班组成员处理问题的态度，培养其良好的工作习惯，减少各岗位的资源浪费，提高工作效率，让每个班组成员都成为企业的经营者。

1.2 班组管理的认知与理解

班组是现代企业价值链体系中的基层团队，因而班组管理是每个企业都应开展的基础工作。作为现代企业管理的基础内容，班组管理是企业适应高质量发展、自我优化完善的重要任务，需要长期坚持。

1.2.1 班组管理可能存在的问题

班组管理可能存在以下五大问题。

1. 重视局部管理，忽略整体效益

班组是企业内最基本的生产单元，企业有多个班组。进行班组管理时，企业更容易注重单个班组的管理，却忽略了班组与班组之间的关系管理。如果一个班组对自身利益的重视程度超过了对企业整体利益的重视程度，班组与班组之间就很容易出现恶性竞争，这样有损企业整体利益。例如，班组缺乏合作意识和大局观，消极怠工、人心涣散，以致企业凝聚力不强。

2. 追求个人能力，忽视班组管理

在企业中，部分班组长虽然个人能力比较突出，但管理能力相对较弱，导致班组管理基础薄弱，管理不到位，员工执行力差。

班组长本应具有良好的沟通能力和组织能力。但大多数企业为了整体效益，在确定班组长时，往往以工作能力为先，以这种方式确定的班组长可能缺乏系统的管理知识，管理能力也较为欠缺，只能慢慢增强。

3. 追求经验主义，难以创新完善

很多企业的班组更习惯于依靠现有的经验来解决问题，没有明确的目标和激励机制，只会依靠领导的安排和老员工的经验指导现场工作，而新员工无法参与班组管理。过度依赖经验，使得班组的改进意识和创新意识匮乏，员工不擅长发现问题和解决问题，这样不利于企业开拓进取，容易让企业与时代脱节。

4. 考核与奖惩流于形式

在班组管理中，为提高员工积极性，企业大都采取考核与奖惩制度，但在实践

中，该制度很多时候变成了"奖励流动制、惩罚必然制"，这在很大程度打击了员工的积极性。员工发现，无论是否努力总会有奖励，无论是否进步必然有惩罚，加之很多班组长管理不善，经常出现弄虚作假、冒名顶替的情况，这些都将使员工的工作热情减退。

同时，很多企业的奖惩制度只是为了应付检查，且奖励形式单一，奖励力度过小，这样也不利于员工积极的工作态度的培养。

5. 员工培训不够规范

企业及班组可能无法保证员工的培训过程和内容兼顾针对性和实用性，从而导致员工的参与积极性不高。

（1）培训内容空泛。一些班组在培训时，无法做到结合工作实际，有针对性地展开培训。很多班组开展的培训并不适应企业当下的文化需求，缺乏对行业及企业的深入了解，无法适应员工需求，只是泛泛而谈。

（2）培训方法陈旧，培训人员水平较差。很多班组的培训采取填鸭式的方法，导致接受度不同的员工无法得到有效的培训。

大多数基层管理人员的培训水平较差，个别班组长的培训水平甚至还比不上普通员工，无法承担班组的培训工作，使得员工在培训中昏昏欲睡，培训收效甚微。

对班组实施精益管理是一个持续的过程，如何有效地进行精益管理，需要企业各方面的协调与沟通。为改善现代企业班组管理的现状，班组成员要发挥自己的主体作用，企业也要做好主导工作。明确目标和持续推动班组的建设，企业才能有效促进自身发展、提高效益、实现价值。

1.2.2　班组管理的价值与意义

班组管理是企业完成自身精益改革任务的重要保证。具体来讲，班组管理的价值和意义表现在以下 3 个方面。

1. 班组是企业各项生产经营活动的执行单元

班组是企业生产经营活动和管理工作的基本执行单元，在企业中起着上传下达的桥梁枢纽和战略落实的作用。

在企业的生产过程中，每个班组都承担着繁重的生产任务，肩负着操作管理、质量管理、安全管理的责任。因此，企业的方针、目标及各项工作任务在向下传达时，必须落实到班组，再由班组落实到每个工种的岗位上。这些环节紧密相连，一环扣一环，一旦出错，将影响生产指标的完成情况，从而影响工作进度。

2. 班组是建设高质量员工队伍的阵地

为实现班组管理的现代化、科学化、人性化，班组应采用现代化的精益管理方法：一方面，开展 6S[Seiton（整顿）、Seiri（整理）、Seiso（清扫）、Seiketsu（清洁）、Shitsuke（素养）、Safety（安全）]、QC（Quality Control，质量控制）、TPM（Total Productive Maintenance，全员生产维护）管理等活动实现精益生产，提高员工的专业技能；另一方面，通过制度化建设，规范员工行为，改变员工的工作方式，使其摒弃不良习惯，激励员工积极参与生产管理活动。上述方法能使员工学会自主发现问题、解决问题，并在实践中不断地改善自己的工作方式。

3. 班组是企业管理的基础

作为企业管理的基础，班组具有重要价值，企业的各项管理制度最终都要班组落实。由于班组处于企业中的基层，最清楚生产中的关键及潜力所在，也最容易在实践与检验中发现问题与不足，因此，加强班组管理是提高企业管理水平的关键。

班组管理水平是企业的形象和精神面貌的综合反映，也是衡量员工素质及企业管理水平的重要指标。搞好班组管理，对提高产品质量、保证安全生产、提高员工素质、提高企业管理水平、提高企业经济效益和竞争力具有十分重要的意义。

要想搞好班组管理，应做好以下几项工作。

（1）提高对加强班组管理的重要性的认识。生产现场管理在企业管理中扮演着重要的角色，企业员工的素质、班组管理水平以及产品质量都与生产现场管理息息相关，我们甚至可以通过生产现场管理水平，推断企业管理的水平。所以，提高班组管理水平，是企业自身发展的需要。

（2）营造良好的工作氛围，为班组管理奠定基础。舒适整洁的作业现场、安全的工作环境、融洽的人际关系和良好的团队合作精神，能让员工在工作中情绪更加稳定、态度更加积极，从而有利于班组凝聚力、战斗力的提高。因此，营造良好的工作氛围对员工积极性和企业竞争力的提高都有着推动作用。

总之，搞好班组管理，要从班组实际出发，找到管理中存在的问题，选好突破口，有计划地解决问题。同时，整体推进、分步实施，并定期对实施结果进行评价，不断推动班组管理工作步步深入，促进班组管理工作日趋规范。

1.3 班组精益管理项目的筹备

班组管理的精益化，是一个专业的企业内部改善项目。企业应聘请专业咨询机构，并在其指导下，耐心、系统、全面地动员企业各层级的员工，着手项目的筹备工作。

1.3.1 班组精益管理项目的调研

班组精益管理项目的调研工作，是指企业在专业咨询机构的指导下，通过制度查阅、交流座谈、现场考察、资料收集、分析报告等步骤，对班组精益管理项目进行调研。就项目整体而言，调研工作分为 3 个阶段，分别是准备、进行和完成阶段。

1. 准备阶段

企业应结合调研目的和内容等，制定班组精益管理项目的调研计划。项目调研计划如表 1.3-1 所示。

表 1.3-1　项目调研计划

序号	计划内容
1	企业高层访谈
2	现场调研
3	部门领导访谈
4	生产现场班组成员访谈

（续表）

序号	计划内容
5	调研报告输出
6	班组模型输出
7	调研报告会议

以下为项目调研计划的具体内容。

（1）企业高层访谈。尽管班组精益管理项目面向企业的基层组织——班组开展，但企业必须从高层着眼，对高层进行访谈。因为只有得到高层的充分支持，班组精益管理项目才有可能顺利开展。

（2）现场调研。获得高层的支持后，项目推动者必须回到现场，开展调研。因为班组位于企业生产现场，只有在现场深入调研，才能了解班组的真实情况。在这一环节中，调研的主要对象是车间主任级别的管理者。

（3）部门领导访谈。企业发展离不开各部门领导的精心管理，同时，他们也是班组的"顶头上司"。只有各部门领导齐心支持精益班组的建设，并在调研中提供充分的信息，项目才有可能顺利开展。

（4）生产现场班组成员访谈。班组的作用直接体现在企业的日常生产活动中。项目推动者通过和生产现场班组成员进行积极沟通，可以直接了解班组精益管理项目的背景情况、开展前提。

（5）调研报告输出。调研结束后，项目推动者需输出完整的调研报告，以确保各部门领导、企业高层更好地了解开展班组精益管理项目的优势和劣势，并认识到在项目开展过程中需着重注意的环节。因此，调研报告的输出，对企业精益管理的实施和高质量发展具有重大的意义。

（6）班组模型输出。根据调研报告，项目推动者需对班组模型进行调整和改善，以输出新的班组模型。

（7）调研报告会议。项目推动者通过召开会议，与相关人员集中讨论输出的调研报告和班组模型，明确企业班组的建设方向。

2. 进行阶段

调研进行阶段是项目调研的核心环节。此时，项目推动者需要对准备阶段收集的资料进行深入分析。

项目推动者应与企业各层级的员工进行有效的沟通交流，充分了解企业内不同层级的需求和看法，使班组精益管理项目能有序开展。项目推动者应确保收集到的资料真实、全面和客观，因为这关系到企业班组改善的基础条件，也影响着企业未来发展的方向。

在实施精益管理的过程中，不同企业会重视不同的需求。然而，对班组进行精益管理则是不变的根本。通过对班组实施 6S 管理、TPM 管理、精益生产管理、班组建设管理等，企业能采取控制成本、增加有效产出、规范生产现场、完善生产计划等手段，对生产管理过程加以优化，从而提升企业的核心竞争力，培育精益人才。

3. 完成阶段

当项目推动者开始对收集到的数据和资料进行筛选、整理和分析时，这意味着调研即将进入尾声，迈向完成阶段，这也是项目调研过程中最重要的阶段。项目推动者需要在此时输出完整的调研报告，并围绕调研报告，提出建议和意见，为企业提供对策。

调研完成后，输出的精益班组模型应由以下 5 个方面组成。

（1）班组管理。班组管理应有制度、有标准、有执行、有检查，即通过召开高效班前会，实施员工日常管理、考勤管理、巡查管理、班前准备确认流程等，搭建班组精益管理的框架。

（2）人才育成，即培育一流班组成员、一流班组长、一流团队。通过人才池体系、星级班组评价计划、标准化作业等举措，确保精益班组模型具备能培养人才的价值。

（3）团队改善。通过精益班组模型建设，在企业内开展团队自主改善、自主创新、自主学习和自主评价等活动，改善企业基层团队管理现状。

（4）班组文化，包括礼仪文化、竞争文化、团队文化、学习文化、完美文化和参与文化。班组文化的建设，可使精益班组模型的文化内涵更丰富。

（5）班组指标。其目的是使班组生产更加高效，实现成本可控等具体目标。

企业应当通过调研，对当前情形进行了解和分析，以构建科学的精益班组模型，不断提高核心竞争力。

1.3.2　精益班组管理项目物资准备计划

为推进班组精益管理项目的开展，企业应积极实施项目物资准备计划。在物资准备过程中，企业应着重同专业咨询机构沟通，确认准备内容及时间节点。为保证物资准备效果，企业应召开内部讨论会，确定相关内容。会议结束后，企业应及时输出准备工作计划表，并点检物资，保证物资全部到位。

企业应从以下几个方面着手做好准备。

1.　方针和口号

在班组精益管理项目启动前，企业应根据实际情况，确定项目方针和口号。

2.　班组精益管理项目委员会成员

该委员会由主任、副主任、成员和顾问组成，其主要职责如下。

（1）制定总体方针、评价重大项目及其成果以及支援活动。

（2）指导精益改革部制定并实施企业班组精益改革项目的整体推进方案。

（3）监督和评价精益改革部及各工作小组的工作进度和效果。

（4）指导和支持各工作小组开展工作。

（5）委员会成员直接挂靠其直属部门，并对其直属部门及团队的精益改革结果负责。

3.　精益改革部成员

该部门由部长、精益干事、现场干事和宣传干事组成，其主要职责如下。

（1）制定并实施企业班组精益改革项目的整体推进方案。

（2）审批各工作小组的工作推进计划和方案。

（3）监督和评价各工作小组的工作进度和效果。

（4）确保本部门业务范围内的工作的顺利开展。

（5）对各部门实施精益生产管理的情况进行评价，评价结果与部门绩效挂钩。

（6）负责周例会的组织及每周进行汇报（PPT报告）。

4. 样板区和样板成员确定

企业应确定作为精益管理样板的车间、班组等。这些车间、班组通常应具有良好的精益管理基础。样板区应兼顾代表性和可复制性。

5. 物料

物料是推进班组精益管理实施所不可或缺的具体材料，主要包括以下几类。

（1）标志牌。班组精益管理标志牌的制作应遵循企业的相关要求。通常情况下，标志牌宽度为60厘米，长度根据现场实际的张贴位置确定。另外，建议使用写真喷绘，以确保标志牌使用周期长、现场张贴效果好。

（2）班组改善看板。样板班组成立后，每个样板班组需配置一块班组改善看板，它可用于"一周一标杆"现场改善验收及后续自我改善，也可用于改善输出的结果。班组改善看板通常尺寸为1.2米×2.4米，材质为喷绘贴膜，黏附在白板上。

（3）白板。精益改革部可为每个样板班组准备一块空白白板，它可用于工作安排及每日"战报"的张贴。

（4）企业宣传橱窗。企业应在醒目的橱窗位置设置宣传栏，对班组精益管理项目动态进行实时宣传；同时，应在橱窗位置增加宣传标语。

（5）启动会、总结会横幅。横幅应在项目启动会或总结会前制作完成，并悬挂在会议室的前、后方。

（6）样板区牌匾、奖状。企业应准备牌匾、奖状，并将其颁发给样板班组。

（7）精益改革部授权牌。企业应准备授予精益改革部授权牌，明确其权限。

（8）启动会PPT。以某企业为例，PPT内容如下。

①宣布"精益6S管理"项目的方针及口号。

②公布项目的组织架构，明确职责和权限。

③公布样板班组、样板区队长和干事名单及其职责和权限。

④公布企业班组精益管理项目推进大会的宣誓词。

某企业班组精益管理项目推进大会的宣誓词如下。

"精益 6S 管理"项目推进大会宣誓词

我宣誓：

我一定严格执行公司和顾问要求，从上至下、身体力行！

我们共同为精益管理顺利导入和推行，为提升全员素质，为提高生产综合效率，为提升公司综合管理水平而奋斗！

宣誓人：×××

⑤公布项目管理文件，明确激励制度、项目期间的各项管理要求等。

（9）项目文件，即班组精益管理项目使用的文件，包括班组激励制度、合格班组现场验收标准等。

1.3.3　精益班组管理项目启动的准备工作

"工欲善其事，必先利其器"。精益班组管理项目的启动对企业而言，是一次里程碑式的跨越，标志着各项精益管理措施在生产现场正式落地施行。企业领导者应认识到，精益改革是一场高难度的"外科手术"，所以精益班组管理项目启动前的准备工作也很重要。

1.　精益班组管理项目启动前的物料准备

企业对班组生产活动的改善，以可视化、可测量、可分析为主要目标，涉及日常管理工作的标准化、工艺流程的优化、工作任务的量化、考核工作的指标化等方面的改革，其本质是培养员工良好的工作习惯。日常工作皆需纳入精益改革的范畴。

· 17 ·

精益班组管理项目启动前的物料准备应有明确的清单。精益班组管理项目启动前的物料准备清单如表 1.3-2 所示。

表 1.3-2　精益班组管理项目启动前的物料准备清单

项目	用途
样板区标识	展示样板区的基本信息
横幅	展示精益班组管理项目的方针及目标
FPE 泡沫板	展示信息
泡沫胶带	粘贴
打印纸	做标识、看板
3M 胶带	粘贴
地板胶带（不反光）	用作室内通道标线、区域标线、消防器材标线
斑马线（安全胶带）	用作安全警示标线
透明胶带	粘贴
双面胶	粘贴
美工刀	刻字或切割等
推拉门、固定门标识	用作开关门提示标识
尼龙扎带	整理电源线、红牌"作战"挂吊
文件筐、文件夹	整理文件
塑封机	标识过塑
彩色打印机	制作标识
红飘带	用作空调出风口指示性标识
圆圈贴	仪表盘目视化管理
线槽、穿线管	整理桌上、地上、墙上的电源线、网线等
插座、插头电源贴	标明插座、插头电压
四方定位贴	圆形物品定位
直角定位贴	桌面、台面、地面上的物品和设备的四角定位
管道标识	用作各类流体、粉末的管道流向的识别、警示标识

（续表）

项目	用途
车间画线工具	安全警示、设备翻新、通道及区域规划
刷漆工具	清洁、刷漆

班组精益管理项目启动前的物料准备清单可以结合生产现场的特点或特殊情况确定，不用局限于某些特定项目。

2. 确立精益班组管理项目的方针及目标

精益班组管理项目涉及范围广、历时长、人员多，明确的改革方针和具体目标能指引改革方向；能在新旧观念或工作方法交锋的时刻，指导管理者做出正确的判断；能凝聚基层班组成员的力量，统一步调，坚定改革信念。因此，确立项目方针及目标是准备工作的核心环节。

精益管理的总目标是消除各岗位的资源浪费、提高生产效率，因此，方针及目标的确立，应注意以下几点。

（1）精益班组管理项目方针的确立。管理者应结合企业生产现场的具体特点，围绕"节约、高效、学习"等理念，明确班组改革的宗旨和方向，确立通俗易懂、朗朗上口的改革方针。

（2）精益班组管理项目目标的制定。管理者应围绕精益管理理念，结合生产现场的特点，将班组日常管理、工艺技术操作等工作环节的要求和内容，转化为具体的工作目标，为精益班组管理项目提供更明晰的方向与指导。

3. 明确精益班组管理项目的组织架构及其职责

项目组织架构的搭建，本质上是一种关于分工与协作的安排。科学合理地分工、协作，能提高改革的效率，推进改革措施的实施。班组精益管理项目的组织架构是企业整体组织架构的一部分。一线班组是项目推进的核心力量，需对项目推进小组负责。

无论成员数量多少，班组皆需加强自身组织架构的建设，主要做法如下。

（1）建立班组长负责制，监督改革措施的落实情况并考核其实施效果，积极向项目推进小组相关负责人或精益改革部干事汇报班组精益管理项目的开展情况。

（2）实行班组改善看板制度，各班组配置一块班组改善看板，项目推进小组每周进行现场改善验收，各班组根据验收结果进行自我改善。

（3）根据班组的具体工作明确具体责任人。在日常考勤、生产材料管理等诸多环节设置具体责任人，确保责任落实到人，各司其职，人尽其用。

（4）充分发挥班组内骨干力量的作用，使其与班组长配合，完成各项工作的布置、监督、考核、反馈。

4. 构建样板区及其管理制度体系

任何精益改革成功的模板都不能简单地用来解决企业自身的问题，特别是班组精益改革更需考虑到生产现场的特点。样板区和相应管理制度体系的构建，是为了发挥其示范性作用，实现以点带面的效果。

样板区可由一个或多个班组组成，管理制度体系可在各项工作指标量化、可视化、表格化的基础上，建立健全生产现场管理制度，实现生产现场管理标准化，以明确班组内部奖惩制度、加强基础管理。

5. 准备启动文件及启动仪式

启动文件及启动仪式是班组精益管理项目的起点，关系到后续改革能否顺利进行，企业应充分发挥二者的导向性和激励性作用。

启动文件应以制度的形式明确验收制度、激励制度和处罚制度。

启动仪式可通过宣誓、样板班组发言、条幅宣传等方式激发基层员工勇于挑战、精益求精的热情和主动性，还可通过介绍项目的方针、计划强调班组精益管理项目的重要性和基础性，深化基层员工对自己在团队中的角色的认知，以及对于"全员参与"理念的理解。

改革措施在生产现场引发的新旧工作方法冲突等具体问题，将会极大地提高班组精益管理项目的复杂性。企业领导者要引导基层班组以充足、完善的物料准备，配合改革措施的推进；要以班组长为中心，组织班组成员深入学习、理解改革的方针与目标；要搭建明晰的组织架构和完善的管理制度，以明确责任、激发动力；要以优秀的班组作为模范，以明确精益管理的标准。精益管理从理念变为现实，是一场破旧立新的持久战，企业只有在项目启动前，做好全面而严谨的准备，才能面对精益改革的挑战。

1.3.4 精益班组管理项目的组织架构

精益班组管理项目以样板区为切入点，以对生产现场进行"地毯式"勘察为基础，旨在实现生产管理体系、工艺技术体系的标准化改革。班组精益管理项目的启动意味着对传统的生产理念、生产方式的彻底变革，必将在生产一线引起巨大震动。班组精益管理项目的成功实施离不开健全、稳定的组织架构。是否拥有分工明确、职责明晰、信息传递畅通的组织架构，将直接决定班组精益管理项目的成败。

1. 组织架构的设计

班组精益管理项目的组织架构设计，应围绕"改善现场、高效生产"的目标，坚持以下 4 项原则。

（1）全员参与和职能机构管理相结合。在开展班组精益管理项目时，企业应充分发挥领导小组与项目推进小组在引领改革方向上的作用，注重其在进度监督、具体目标设定、计划制定等方面的专业管理价值。另外，企业领导者还应认识到，企业内的全体员工与所有部门，都是班组精益管理项目的积极参与者、有力影响者，在整个企业范围内，尤其是生产现场的改善，需要各方面的协调与配合。

（2）明确职责划分。各部门、各岗位的权责明确，是推动班组精益管理项目高效进行的基础，也是落实各项改革措施、提高生产质量和生产效率的重要保证。

（3）确保信息传递畅通。高效顺畅的信息传递，是精益改革成功的关键。是否能做到这一点，关系到班组对改革计划、改革目标的理解与执行是否准确无误；也关系到生产现场改善的真实情况能否及时有效地向上反馈。

（4）保障管理组织运行效率。组织架构的设计思路应符合成本效益原则，避免设置不必要的部门或环节。

2. 组织架构的层次

精益班组管理项目的组织架构是否能高效运行，取决于组织架构的层次是否合理。

组织架构是以企业管理目标为出发点，依据一定的制度和原则，所构建的具有高效管理职能的层次复杂的结构体系。一个科学合理的组织架构，其层次应确保管理的流程化、规范化，这样才能充分利用企业内部的各种资源。班组虽然是企业内最小的组织，但同样遵循上述原理。因此，精益班组管理项目的组织架构的层次设计，应注重以下几点。

（1）工作流程明晰。企业应保障各管理部门与生产现场班组岗位之间的工作交接、信息传递无障碍。

（2）明确职责分工。企业应保障管理措施运行效率，减少各部门、各班组和基层岗位的工作职责和内容的重叠，明确其相互之间的权责关系。

（3）充分调动各部门、各班组和基层岗位的骨干力量。精益班组管理项目委员会是该项目的总指挥部，由各部门的主要负责人组成。在生产一线，各样板班组负责人担任项目推进者，监督各班组精益管理的实施，以实现生产现场的改善。

（4）组织架构和职责。考虑到上述要求，班组精益管理项目的组织架构大多应采用直线职能制，即在组成精益班组管理项目委员会和成立精益班组管理项目推进小组的基础上，将精益班组管理项目分为领导与推进两个层次。其中，前者把握改革方向，明确基本管理制度，后者监督跟进改革措施的具体实施。

针对企业五星精益班组管理项目设计的组织架构如图1.3-1所示。

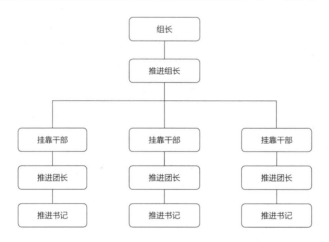

图1.3-1 企业五星精益班组管理项目的组织架构

其中，组长和推进组长组成项目领导小组，挂靠干部、推进团长、推进书记组成项目推进小组。二者的职责分别如下。

①项目领导小组。该小组负责与专业咨询机构派出的顾问小组沟通，共同确定班组精益管理项目的方向、方案；负责提供企业级的资源支持；负责统筹、监督、

指导企业内部的组织、协调、实施、改进工作。

②项目推进小组。该小组负责精益班组管理项目的具体推进。项目推进小组组长组织组员研讨、实施、改进工作，每周至少向项目领导小组组长汇报一次项目进展情况。组员负责监督班组成员，按时保质，完成任务，并持续监督实施。

3. 班组精益管理项目的组织架构的职能定位

根据班组精益管理项目的总体目标以及组织架构的层次，班组精益管理项目的组织架构的职能应有清晰的定位。

在职能定位方面，企业应以"全员参与、精益求精、消除浪费、提高效率"为指导思想，确保班组精益管理项目有条不紊地层层推进。企业应保障改革措施在班组内部有效落地，为生产现场的改善指引改革方向。企业还应为实现精益班组的五星目标提供必要条件，并对改革进度进行监督和把控。

健全的组织架构对于班组精益管理项目具有重要意义。不同企业面对的外部环境不同，企业内部管理及生产活动的特点也存在差异。企业应从自身特点出发，围绕指导思想坚持"权责明确、全员参与、注重成本效益、保障信息传递畅通"原则，建立有效的组织架构。

1.3.5 精益班组管理项目管理制度的制定

"不以规矩，不能成方圆。"企业管理制度既应约束全体员工的行为，又应保障全体员工的权利。细致、健全的管理制度是班组精益管理项目成功的保障，也是协调、约束生产现场安全、质量等要素的重要力量，更是推进精益改革各项工作的前提和基础。

精益班组管理项目管理制度是否完善，关系到班组层面的精益改革能否顺利推进。

1. 明确推进精益班组管理项目的目标

企业推进精益班组管理项目的目标，是通过精益改革，在班组内部实现零库存、零浪费、零缺陷，保证企业基层生产组织形式灵活多变，以适应多样化的市场需求。

精益班组管理项目管理制度的制定，应以目标为核心，重点解决班组管理如何实现内容指标化、要求标准化、步骤程序化、考核数据化、管理体系化的问题。

此外，在管理制度制定的过程中，应在细节上关注生产区整体改革方向的一致性，解决现场环境保持等问题，确保样板区通过验收。在班组人才培养方面，企业应通过制定人才培养制度等改革措施，激励并促使班组成员改变精神面貌，增强其责任心，培养现场改善人才，提升基层班组自主管理水平。

2. 明确精益班组管理项目管理制度的适用范围

"全员参与"是精益管理思想的重要内容，班组精益管理项目管理制度应适用于企业全体员工。企业推行精益改革，如果仅停留在设备、流程层面，不仅无法实现持续改善管理的目标，也不能保证基层生产组织形式的灵活多变。

班组精益改革看似小事，实则至关重要，甚至需要企业文化的深层次变革。班组由员工组成，员工是企业文化建设的中坚力量。精益文化的塑造需要全员参与，具体表现就是一个班组、一个团队的工作习惯和精神面貌的改变。因此，班组精益管理项目的负责人应通过由管理制度支撑的理论培训、实训等活动形式，引导全体员工不断了解、掌握、践行精益文化。

3. 针对班组管理症结，明确管理制度的主要内容

传统班组管理往往存在缺乏整体思维、偏重经验主义、忽视标准的重要性、缺乏健全的人才培养体系、忽视团队意识培养、忽视技术人员管理能力培养等多方面的问题，需要通过管理制度创新，为精益改革奠定基础。

企业在针对传统班组管理存在的问题制定管理制度时，应主要关注以下几点。

（1）完善和落实项目推进制度，包括团队活动纪律、与团队活动相关的各项奖惩制度。

（2）完善和落实基层人才池管理制度。企业应重点在基层选拔管理人才，集中调动资源对其能力进行强化培养，并结合基层管理人才的特点，制定综合培养计划。

（3）完善和落实质量负责制。企业应在实现质量、技术、作业标准化的基础上，加强对班组各项指标的完成情况的监督与反馈，开展质量问责。

在推进班组精益管理项目的过程中，企业暴露的问题不尽相同。班组精益管理项目管理制度的制定应立足企业实际生产现场的特点。企业应以项目目标为中心，针对班组管理症结，制定合理、细致、操作性强的管理制度。

1.4 精益班组管理项目的启动

企业要想取得更好的效益，得到长远的发展，就必须重视班组精益管理。在做好准备工作后，企业需要启动班组精益管理项目。

精益班组管理项目启动之前，企业应进行班组长人才池体系的搭建，培养优秀的基层管理人才。在启动过程中，企业应对各班组取得的成果进行评价，并对优秀班组进行激励。启动完成后，企业需要更进一步推动精益五星班组的建设，从而推动企业更好地发展。

1.4.1 搭建班组长人才池体系

如今，越来越多的企业都找不到足够多的优秀人才。如何引导每个员工发挥最大的价值，是班组长人才池搭建所需攻克的难题。为满足这一战略发展需要，企业应对基层管理人才进行选拔和评估，搭建班组长人才池体系，对基层管理人才进行集中培训，增强基层管理人才的能力。

在班组长人才池体系的搭建过程中，企业应使岗位任职资格标准和员工发展通道保持一致，并根据员工个人特长对其进行新技能培训；同时制定相应的奖惩制度，并对基层管理人才进行多样化的培训。

具体而言，企业应重视以下几点。

1. 确立班组长人才入池的审核标准

确立班组长人才入池的审核标准，可以统一企业班组长的评价标准，建立班组长选拔、培养和发展的规范化流程，形成人才池的良性循环。

班组长人才入池的审核标准应具有特殊性和一般性。通常情况下，班组长人才池中的人才是作为基层管理者来培养的，所以其审核标准也应体现出普遍性和适用性。班组长人才入池的审核标准如下。

（1）遵纪守法，品行端正，认同企业文化。在工作中能够坚持原则，认真负责，遵守工作纪律和行为规范。

（2）管理能力突出，经验丰富。虽然班组长人才入池的审核标准不限制工作经验，但入池的班组长人才要能做好组织协调工作、思想工作，合理分配资源和任务。

（3）班组长人才应个人能力强，有威信，在某个方面的技能应较为突出；应关心集体、团结班组成员，公平公正，能得到班组成员的拥护。

2. 班组长人才的选拔与人才池的搭建

班组长人才的选拔与人才池的搭建，需要重视选拔过程的公平、公正、公开，以确保班组长人才的能力品质和思想素质均较好。为此，企业各部门应分工明确、相互配合，选择正确的方法，依据标准选拔人才。

5种常用的选拔方法如下。

（1）日常观察。平时在工作中，企业应重点考察班组长预备人选的管理表现，结合工作能力、考评成绩和班组成员评价，做出合理的判断，选拔业务能力突出、管理能力强的人才进入人才池。

（2）危机观察。企业可利用突发事件，考察班组长预备人选是否能够临危不乱、合理安排。

（3）公开选拔。企业应以民主的方式，发掘能力出色、有威信的人才进入班组长人才池。

（4）技能选拔。企业应选出能力突出的班组成员，考察他们的人际沟通能力和管理能力，以确定他们是否能进入班组长人才池。

（5）自主推荐。开放选拔通道后，员工自主报名参加选拔和培训。

3. 班组管理人才的评估与分级

企业选拔出合适的班组长预备人选后，下一步需构建班组长人才梯队。企业领导者应评估现有班组长预备人选的优势和能力，明确每个人的发展规划，分级制定相应的培训方案，以此来激励人才，减少优秀管理人才的流失。

（1）构建人才梯队。人才可划分为以下 3 类。

①基层管理人才。这些人才应能力突出、品行端正，有良好的管理能力和执行能力，经验丰富。他们应成为班组长的第一预备人选。

②储备接替人才。这些人才应遵纪守法、品行端正，能力较为突出，但也允许他们在某些方面还有所欠缺。企业应将他们作为班组长的储备接替者，表现突出者，可以进入基层管理人才池。

③储备培育人才。只要是通过选拔入池的人员即为储备培育人才，也可称为人才池学员，他们有人才池学员编号。

（2）培训方法及内容。班组长人才的培训方法主要有两种，一种是课堂培训法，另一种是实践锻炼法。

①课堂培训法。这种培训方法常用于较为成熟的优秀班组长人才，其形式主要包括经验分享、领导技巧培训等，以丰富班组长人才的阅历、知识，使其尽快在岗位上做出更大的贡献。

针对部分年轻的班组长人才，由于其容易吸收先进技术与管理知识，企业可以安排他们到高等院校学习优秀管理理念，以增强其基层组织管理能力。

②实践锻炼法。实践锻炼法主要针对储备人才，其形式比较灵活，最常见的是由储备人才任班组长助理。企业安排储备人才协助班组长工作，在此基础上，根据实际情况，逐渐引导其独立完成管理工作。

这种方法为储备人才提供了实践机会，能保证其在监督下有序开展管理工作。从长远来看，实践锻炼法有利于储备人才提前熟悉管理工作，有利于企业搭建完善的班组长人才池体系。

完成上述工作后，班组长人才池体系的搭建工作并没有结束。企业需要对人才的整体能力和绩效进行阶段性的评估，评估结果达到要求后，就可以进行新一轮班组长人才池体系的搭建工作，这样周而复始地开展，就可以形成动态的班组长人才池体系。

1.4.2 精益星级班组评价与激励

为贯彻落实工作部署，推进精益管理和生产工作的开展，企业应全面开展精益星级班组建设活动，提高班组的管理水平和班组成员的个人素养。

为此，企业不仅需要搭建班组长人才池体系，还应积极建立完善的精益星级班组评价体系。这不仅是为了对样板班组的精益改善业绩进行评价和奖励，也为了对其他班组进行示范性激励。

1. 精益星级班组评价与激励的内容

精益星级班组评价与激励的内容主要包括以下两点。

（1）总体目标。精益星级班组评价与激励的目标在于全面提高班组的基础管理水平，提高班组长及班组成员的个人素质，提高员工的技能及业务水平。通过精益星级班组评价与激励，企业很有可能实现效益最大化、工作要求及方法标准化、班组培训规范化等目标，班组也能够朝着创新、改进的方向可持续发展。

（2）评价与激励的针对性内容。针对班组管理的各项改善内容，企业需要设立专职人员、吸纳新人才获得各部门的配合，共同完成精益改善任务的各项指标。

精益星级班组评价与激励的具体内容包括以下4点。

①评估班组工作计划和工作任务的安排是否完善，以确保各班组完成目标任务。

②评估班组内各项规章制度的制定和执行情况，确定其是否能促进企业内工作方法实现标准化和规范化。

③评估班组是否能保证产品质量、降低生产成本，是否能保障设施完好、员工安全，是否能做好质量把关的基础工作。

④评估班组成员是否能通过培训来提升个人素养和技能操作水平，并对各班组分配和管理人才的能力进行有效评估。

2. 精益星级班组考核的主要内容

精益星级班组考核的主要内容包括以下几点。

（1）班组基础管理。为保证班组工作的有序进行，企业必须做好班组基础管理工作。

除定期召开会议外，企业还可以对班组基础管理情况进行考核。考核内容包括：班组看板是否可以展现出各方面的工作成绩，能否及时更新；在班组内部，问题的提出与解决能否按照流程进行，以调动班组成员工作的积极性，使其自愿参与班组的日常事务管理；以及班组班前会议召开效果、班组 6S 管理情况等。

（2）班组安全管理。相关考核内容主要包括班组是否做好安全保障工作，以保障员工安全、设备安全；是否经常开展安全教育活动，宣传安全法制知识；是否加强员工操作技能培训，保障操作安全；是否严格执行对污染源和危险物品的控制工作，以及安全隐患识别和整改工作等。

（3）班组效益管理。通过对班组效益管理情况进行考核，企业可使班组工作质量和工作规范化得到保证，将生产成本控制在合理的范围内，并且能从不同方面对成本进行管控。

（4）班组培训管理。班组需结合员工个人的特点、企业发展的需求，对员工进行培训。在培训的过程中，班组需保证重点员工的培训效果。企业不仅应为班组培训提供支持，保证培训顺利进行，还应对班组培训管理水平加以考核。

3. 考核评价的标准及实施

精益星级班组考核评价需要有公开明确的标准，以便班组在星级建设中予以参照执行。精益星级班组考核评价表如表 1.4-1 所示。

表 1.4-1　精益星级班组考核评价表

分类	序号	评价项目	评价标准	得分
班组基础管理	1	组织机构保障	组织机构是否健全，职责分工是否明确，员工是否清楚自己的职责	
	2	班组员工目标明确	员工是否能够清楚描述企业目标及班组工作目标	
	3	班组看板管理	看板表格是否及时更新	
	4	班组问题解决能力	解决问题是否及时有效	
	5	领导参与及会议	领导是否参与，会议是否定期召开，记录是否清晰明确	

（续表）

分类	序号	评价项目	评价标准	得分
班组安全管理	1	安全环保	是否经常检查安全环保设施、及时确认并整理问题	
	2	场地安全	设施是否完好，规章制度是否完备，员工操作是否规范，员工是否穿戴护具	
班组效益管理	1	质量管理	是否有质量问题，是否能保证企业效益	
	2	标准化作业管理	是否制定了标准说明书，以保证所有作业均实现了标准化	
	3	成本管理	是否对成本进行了控制，是否进行了数据分析，降低成本的效果是否显著	
班组培训管理	1	培训规划	是否有完整的培训规划及员工个人发展规划，相关的记录是否清晰	
	2	培训评估	是否按计划开展培训，评估记录是否完整，目标是否能够达成	
	3	培训支持	是否对一线员工进行培训，并记录相关内容	
班组合理化建议及持续改进管理	1	合理化建议	是否完成企业目标，员工是否积极参与，是否提出合理化建议	
	2	改进	员工是否积极参与改进，班组是否能够自主完成改善改进工作	
	3	持续改进	改进效果是否明显，是否形成了持续改进的氛围	

根据具体评价标准的范例，企业可结合自身实际情况，制定和完善精益班组管理项目的计划，做好精益星级班组的评估与培训工作，助力精益星级班组成长。随着精益星级班组越来越多，企业将从提升班组管理水平开始，增加企业效益，营造良好的经营氛围，促进自身的长远发展。

1.4.3　精益五星班组建设的推进步骤及计划

精益五星班组建设，是企业在迈向精益目标的过程中必须完成的工作。当企业能打造有强大自主管理能力和改良能力的班组，能在班组层面实现生产系统的标准化和效率化，能通过优秀班组带动企业基层团队合作能力和解决问题的能力有效增强时，企业将从精益五星班组建设中不断受益。

1. 精益五星班组的衡量维度

精益五星班组建设包括高效生产、完美品质、成本控制、现场管理、团队建设等 5 个方面的内容。一个合格的精益五星班组，不仅生产效率高，而且具有较强的竞争力，此外，其还具备产品品质完美，生产成本控制得当、可保证利润，班组的集体行动目标明确且统一等特点。

一个班组从普通走向五星的道路注定不凡。为达到上述目标，企业需要做到以下 4 点。

（1）打造安全和谐的班组。精益五星班组建设的首要任务是保证安全生产。做好防护工作、提升操作技能水平，是保证安全生产的基础。企业应完善规章制度，严格考核基层员工的操作技能水平，定期检查设备、设施，并及时对其进行维修。同时，企业还应发挥班组长的能动作用，做好现场安全管控工作，保障员工人身安全，培养员工安全意识。

（2）增强班组的自主管理能力。企业需对班组的自主管理能力给予足够的重视，通过各种方法加强班组基础管理，增强班组的自主管理能力。企业应为班组制定共同目标，并引导员工为此奋斗；应将班组建设目标和个人利益相结合，使个人承担起自主管理的职责。此外，企业还应实施考核制度，使责任落实到人，发挥班组管理人员的作用，提高员工的自觉性和积极性，根除员工的不良习惯，做好班组基础管理工作。

（3）细化考核内容。企业应以做好班组基础管理工作为基础，建立完善、灵活的考核制度。在不违背企业考核制度的情况下，每个星级班组可以建立自己的激励机制，并结合企业的制度规范，制定针对班组成员的评估标准。班组内部还可以开展相关内容（如员工培训、业绩等）的考核工作，调动班组成员的积极性。

（4）营造温馨和谐的氛围。在建设精益五星班组的同时，企业不仅要重视人才的培养，也要重视文化氛围的营造。一个好的班组应站立在特有的文化土壤之上。企业应坚持情理结合，关心员工的成长，使他们对班组产生独特的归属感和依赖感，从而让班组产生强大的凝聚力。

为此，班组需要常常开展主题活动，如读书研讨会、经验分享会，在工作中学习，在学习中进步，从实践中来，到实践中去，从而营造良好的学习氛围。

2. 精益五星班组建设的推进计划

任何五星班组的光彩背后，都是一步步积累的艰辛。因此，企业应制定精益五星班组建设的推进计划。

（1）确认方案，启动计划。企业确定开展精益五星班组建设工作后，要制定、修改和完善计划，并在实施计划前召开启动大会，确保所有人都真正熟悉这份计划。

（2）根据企业的实际情况，制定精益五星班组建设的推进计划表。

某企业精益五星班组建设的推进计划表如表1.4-2所示。

表1.4-2 某企业精益五星班组建设的推进计划表

项目	计划安排	周期	备注
一星班组	1. 根据排产计划安排人力，并做好生产前准备工作，及时清机，保证物料齐全； 2. 作业符合SOP[①]标准； 3. 实施5S[②]管理和目视化管理，定期组织召开班后会，做好安全保障工作； 4. 完善培训大纲，实施培训； 5. 现场基础知识导入和现场改善	6个月	
二星班组	1. 固定工时岗位的人员，保证效能； 2. 及时发现问题，保证质量满足客户需求； 3. 控制物料成本，做到节能减排； 4. 发现和规避危险源和污染源； 5. 建立稳定团队，能够改善和解决问题	2个月	
三星班组	1. 促使员工技能朝多元化方向发展，能够及时发现不足并提升效率； 2. 制定品控标准，控制返厂产品数量； 3. 尽量做到不损耗物料，控制成本； 4. 发现和规避危险源和污染源； 5. 建立稳定团队，能够改善和解决问题	3个月	
四星班组	1. 促使员工技能朝多元化方向发向，能够及时发现不足并提升效率； 2. 分析返厂产品品质原因，提出改良建议； 3. 降低损耗，分析原因并改良方法； 4. 改进现场安全管理模式； 5. 建立精益团队	2个月	

（续表）

项目	计划安排	周期	备注
五星班组	1. 生产效率具有较强的竞争力； 2. 产品品质完美； 3. 成本控制得当、可保证利润； 4. 安全措施到位； 5. 班组目标明确且统一，凝聚力强	2个月	

注：① SOP，Standard Operating Procedure，即标准化程序。
　　② 5S，即整理（Seir）、整顿（Seiton）、清扫（Sei So）、清洁（Seiketsu）、素养（Shitsuke）。

　　精益五星班组建设，是企业在通往精益之路上的重要步骤，需要循序渐进、不断深化。企业需要结合自身的情况，适当调整一星至五星的计划安排。企业应提升班组长的管理水平和个人素养，进而提升员工们的操作技能和文化素养，强化班组的团队意识。同时，通过评估和分级，企业可将五星班组打造成可复制、可推广的标杆，以系统改善企业基层问题和不足，从而提升企业效益、提高员工个人收入，形成良好稳定、可持续的发展动能，更好地回馈客户和市场，实现多方面的长久共赢。

第 2 章

一星班组：
制造现场，打造精益班组管理核心

随着市场经济的不断发展，原材料价格普遍上涨，企业的利润空间被不断压缩，而市场对企业的服务、产品质量则提出了更具体的要求。为此，企业必须对基层生产组织做出调整和优化，建立精益一星班组，逐步打造精益班组管理核心。这是企业的必然选择，也是时代进步下不可避免的发展趋势。

2.1 班组管理与班组长管理

企业为提升核心竞争力、培养精益人才，需打造标准化、规范化的班组管理模式，以实现对人、事、物的合理组织及有效利用。班组管理还应进一步结合班组长管理，充分发挥班组潜力，实现利润最大化。

2.1.1 班组管理的核心

以人为本、精益改善是班组管理的核心。企业在进行班组精益管理时，必须围绕班组管理的核心，采取管理行动，从而达到事半功倍的效果。班组管理的核心主要由以下几个部分组成。

1. 精益班组文化

文化分为广义、狭义两个层次。班组管理核心中的文化主要指精益班组文化，属于狭义文化。

精益班组文化是企业精益文化在基层落地的具体表现，是班组管理的核心所在。

不同学者赋予了精益班组文化不同的内容，重庆新益为企业管理顾问有限公司（以下简称"新益为"）定义的精益班组文化包括礼仪文化、竞争文化、团队文化、学习文化、完美文化、参与文化。

（1）班组礼仪文化。在我国几千年的文明史中，礼仪文化始终占据着相当重要的位置，我国也因此被称为"礼仪之邦"。随着社会的发展、精神文明建设的不断增强，礼仪文化成为企业职业化、规范化管理的标志。

在班组管理中，班组礼仪文化主要指班组成员的素质及素养，是精益班组文化的重要组成部分。班组通过实施精益管理，推行礼仪文化，确保班组成员行为规范、穿戴标准、紧密协同，不断提高班组成员的素养，树立良好的企业形象，推动企业核心竞争力的增长。

（2）班组竞争文化。班组竞争文化，即班组内部维护竞争机制、尊重竞争规则的共识和氛围。在班组的日常管理中，企业可通过组织评比活动，营造竞争文化。员工评比活动、班组长评比活动、班组评比活动等，都能提升班组成员的工作积极性。营造良性竞争文化，可促进班组成员能力的增强。

（3）班组团队文化。班组团队文化是班组成员在相互合作的过程中，为努力实现班组目标而形成的文化。班组团队文化是一种潜意识文化，营造班组团队文化能使班组成员之间高效沟通，提高工作效率。团队文化的建立是一个不断磨合、长期的过程，为尽快建立班组团队文化，班组长应不断努力，经常组织团队合作活动，培养班组成员的合作意识。

（4）班组学习文化。班组学习文化是班组管理的重要基础。在管理中，班组长应积极培养班组成员自主学习的习惯，并通过系统性的学习计划，营造浓厚的学习氛围，促进班组成员能力的增强。建立学习园地、组织知识竞赛活动等，都有助于营造学习文化。

（5）班组完美文化。班组完美文化的推行，要求班组成员人人都追求完美，都能高效工作，并在产品生产过程中确保低成本、零浪费、零缺陷。

（6）班组参与文化。班组长可通过内容导入、活动开展等，让参与文化深植于每个班组成员的心中，让所有人都做到日事日毕、日清日结。

2. 以人为本

在班组管理活动中，人是管理的核心。班组管理应坚持以人为本。

（1）班组管理应重视人的发展，激发人的潜能。班组长应在了解班组成员的基础上，通过开展相应的培训课程，弥补其缺陷，促使班组成员全面发展。

（2）班组管理应坚持以人为本，确保班组长与成员有效沟通。在班组中，被管理的员工通常处于弱势地位。如果班组长在与班组成员沟通的过程中让班组成员感到自己在以势压人，那么这场沟通不仅无效，还会导致班组成员产生抵触、对抗的心理甚至行为。因此，班组长在与班组成员进行日常沟通时，应求同存异、晓之以理，通过真诚沟通式的管理，使班组成员服从集体需求，保证班组的和谐、稳定。

3. 增加利润

增加利润不仅是班组管理的核心，也是企业开展班组精益管理项目的目的。企业存在的前提是盈利，而班组则是利润产生的源头。

要想增加班组利润，班组长应从以下两个方面着手。

（1）重视成本与产品质量之间的平衡关系。在管理中，班组长应集思广益，广泛听取班组成员的意见及建议，以改善生产过程，在不影响产品质量的前提下降低生产成本。

（2）提高班组成员的工作效率。班组长可通过开展 6S 管理活动，对现场环境进行改善，提高班组成员的工作效率及设备的使用效率。例如，通过整理、整顿等活动，将物品分为无用物品和有用物品，并坚决清除无用物品。又如，划分有用物品的摆放区域，以颜色、数字等作为标识，将有用物品摆放整齐等。

2.1.2　高效班前会的准备与召开

一星班组的建设应从组织高效的班前会开始，以促进班组管理模式的进一步优化。班前会即早会、晨会，是工作日早晨正式开工前召开的会议。在班前会上，班组长可以确认员工的出勤率、下达工作任务。此外，班前会也是使员工精神振奋的工具和员工交流学习的平台。班前会能够对员工当日的工作状态产生很大的影响，因此，班前会应做到高效，以促使员工高效、高质量地完成工作。

1. 高效班前会的准备

班组长至少应在召开班前会前 15 分钟做好准备工作。

（1）班组长召开班前会前需前往现场与上一班组进行交接，并确认相关信息，做好会议物资准备。会议物资准备可由班组长负责，或由班组长指定人员负责。会议物资有以下几种。

①质量优劣实物案例。班组长或班前会负责人应留存前一天或上一班次生产的质量最优产品及质量最差产品，并在班前会上向全体班组成员展示。

②看板。班组长或班前会负责人可将本日班前会重点写在看板上，例如上级传达的指令、前一天每名员工完成的目标、班组总体目标完成进度或本日应完成的目标等，以便员工在会议中查看。

③奖品。在班前会上，班组长或班前会负责人应对前一天产品质量最佳者、超量完成目标者、有效改善生产方式者进行嘉奖。

④交接班记录表。交班人应在交接班记录表中对当班期间的工作情况进行简要说明，并在班前会上将交接班记录表交给接班人，以便快速交接工作。交接班记录表如表 2.1-1 所示。

表 2.1-1　交接班记录表

年　月　日			
部门名称：		工程名称：	
交班人：		接班人：	
分类		班次	
		白班	夜班
序号	项目	异常情况及处理记录	
1	公司通知或上级下达的命令		
2	人员情况		
3	设备情况		
4	生产情况		
5	品质情况		
6	安全状况		
7	纪律、5S 管理状况		
8	其他（物料供应、计划完成等情况）		
交接说明： 1. 接班人需提前 15 分钟到岗处理交接班事务 2. 交接班时交班人应对当班期间的工作情况做简要说明，接班人应仔细核实相关情况 3. 对各部门通知及领导交办的事务须做好书面记录 4. 对当班期间各类未尽事项须做好书面说明 5. 其他各类须处理的事项			

交接班记录表需严格按照实际情况填写，当班员工不得为隐瞒错误而填写虚假内容。

（2）班组成员应做好自身检查。召开班前会前，班组成员应自我检查或互相检查衣着等是否符合标准。例如工服穿戴是否整齐，是否佩戴工牌，发型是否符合标准等。自身检查完成后，班组成员应自觉整齐列队，等待班前会的开始。

（3）负责摄像的员工应提前到达拍摄位置，以检查摄像机的状态，确保摄像机可以正常工作。

2. 高效班前会的召开

班前会开始后，应按以下流程进行。

（1）班组成员列队集合，班组长要求全体成员对着装、形象、站位等进行整理，使之干净、整洁。

（2）总结前一天或上一班次的工作内容，包括生产任务完成情况、产品质量状况、现场6S管理状况、安全状况、工作中存在的问题及改进要求等。

（3）奖励前一天的好人、好事，以及对班组生产做出贡献的员工；批评、鞭策工作失误的员工。

（4）班组长做好上传下达、安全管理工作，并确定当日任务及目标。

（5）提问及分享。班组长应组织班组成员积极提问和分享经验，发挥集体的智慧，增强团队的力量。

（6）鼓舞班组成员士气，使其精神振奋。例如，班组长可通过喊口号、做游戏等方式，赶走员工早起的困乏，使之精神饱满。

班前会开始后，记录人要做好会议记录工作，例如，使用手机、相机等工具拍摄照片、视频等，并按实际情况填写班前会记录表。班前会记录表如表2.1-2所示。

表 2.1-2 班前会记录表

车间		日期		会议质量
主持人		记录人		较差 / 一般 / 良好
会议内容	劳动纪律检查	1. 上班：应到 ___ 人，实到 ___ 人		
		2. 迟到、早退、缺勤人员（姓名）：		
		3. 请假人员（姓名）：		
	昨日工作回顾			
	安全环保			
	质量技术			
	生产安排			
	成本管理			
	标准化管理			
	鞭策与激励			
	事项传达与其他			
参会人员签名				
其他补充事项				

记录人应利用班前会记录表对班前会的会议内容进行整理，便于上级领导查看并留存。因此，班前会记录表的填写应做到字迹工整、纸面整洁。

3. 高效班前会的总结及评价

会议结束后，班组长或班前会负责人应将班前会记录表通过工作群上报；若有重要事项，应当面向上级领导提交班前会记录表并汇报工作。企业应安排专门的会议评价部门对各班组的班前会内容、效果等进行总结及评价，并填写班前会评价表。班前会评价表如表 2.1-3 所示。

表2.1-3　班前会评价表

班组： 日期：	主持人： 时间：		评价部门： 评价人：　　　　合计：	
序号	评价项目	标准	权重	实际情况
1	班前会时间	开始和结束时间是否准时	15	
		时长是否过短		
2	互相问候／礼貌用语	是否打招呼	5	
		是否使用礼貌用语		
3	主持人	仪表是否得体	5	
		精神状态是否良好	5	
		是否准时列队	4	
4	列队情况	是否整齐	3	
		队容、队貌是否合适	3	
5	掌声情况	是否整齐、响亮	5	
6	工作服情况	是否穿工作服	5	
		工作服是否整洁	5	
7	劳保用具佩戴情况	是否佩戴	3	
		是否规整	2	

（续表）

序号	评价项目	标准	权重	实际情况
8	点名报数情况	是否中断	3	
		声音是否洪亮	2	
9	出勤情况	应到人员	10	
		实到人员		
		请假人员		
10	班前会内容	是否丰富（昨日工作回顾、安全环保、生产安排、标准化管理等）	25	

备注：
1. 班前会时长：不能少于 5 分钟，少于 5 分钟扣 3 分
2. 到会情况：每缺席（含迟到）、早退、请假）1 人扣 2 分
3. 班前会内容：需有昨日工作回顾、安全环保、生产安排、标准化管理要求等内容，每少一项扣 5 分
4. 80 分合格

上级领导可通过查看班前会评价表，确认班前会记录表的真实性及准确性，以便更好地监督班组长的日常管理工作。

2.1.3　班组长能力增强策略

班组长是班组的实际管理人，也是企业的基层管理者，他们通常在基层员工中产生，是班组生产管理的直接指挥者和组织者。企业通过对班组内员工的基础能力、技术能力、综合能力和相关指标等方面的综合评价，确定班组长的人选，并确定其能力增强策略。

班组长能力评价表如表 2.1-4 所示。企业应根据班组长能力评价表对班组内员工进行综合评价，选择能力较强的员工担任班组长一职，并结合能力评价结果对其能力加以针对性锻炼，使之更好地负责班组生产、安全、教育、上下级协调等管理工作。

1.　明确班组长的职责

在帮助班组长增强自身能力之前，企业应帮助他们明确自身的职责、定位及立场。班组长是连接基层员工和领导者的纽带，面对基层员工时，班组长应站在领导者的立场上，监督基层员工工作，促进基层员工发展；面对领导者时，班组长应站在基层员工的立场上，为基层员工发声。

班组长能力增强的基础，是在坚持上述两大立场的基础上，提高员工的生产效率、降低生产成本、增加班组利润。同时，班组长也应通过积极提升自我、有效监督基层员工按照规定工作、保证员工安全生产，督促基层员工改善、提高产品质量，完成生产指标。

2.　提升技能水平

班组长应不断提升技能水平。企业让员工担任班组长一职，是对员工能力的肯定，但角色定位的改变，也对班组长的能力提出了更高的要求。

评价时间：　　被评价人：

表 2.1-4　班组长能力评价表

	评价项目		普通班组班组长任职必备条件 星级班组储备班组长必备任职条件	一级	二级	三级	四级	五级
1	安全指标	安全事件	0 次	0 次	0 次	0 次 + 被动改善	0 次 + 主动改善	0 次 + 连续 2 个月及以上主动改善
2	基础能力	年龄	50 岁以下	40 岁以下	40 岁以下	35 岁以下	35 岁以下	35 岁以下
3		学历	初中及以上	中技、中专、高中及以上	中技、中专、高中及以上	大专及以上	大专及以上	本科及以上
4		经验	转正员工	1 年及以上	1 年及以上	1 年及以上	2 年及以上	3 年及以上
5	综合指标	质量	个人无质量投诉	班组当月无质量投诉	班组当季度无质量投诉	班组连续 2 个季度无质量投诉	班组连续 3 个季度无质量投诉	班组连续 4 个季度无质量投诉
6			质量素赔金额 5000 元/年以下	质量素赔金额 5000 元/年以下	质量素赔金额 4000 元/年以下	质量素赔金额 2000 元/年以下	质量素赔金额 500 元/年以下	未发生质量素赔
7		成本	分切制成率 94% 以上	分切制成率 94% 以上	分切制成率 94.5% 以上	分切制成率 95% 以上	分切制成率 96% 以上	分切制成率 97% 以上
8			废品率 1% 以上	废品率 1% 以下	废品率 0.9% 以下	废品率 0.7% 以下	废品率 0.5% 以下	废品率 0.3% 以下
9		开车率	84% 以上	84% 以上	85% 以上	86% 以上	88% 以上	90% 以上

（续表）

序号	评价项目		普通班组班组长任职必备条件 星级班组储备班组长必备任职条件	一级	二级	三级	四级	五级
10	技术能力	专业技术（基本条件）	关键岗位四级1个	关键岗位4级1个关键岗位2级以上2个	关键岗位4级1个关键岗位3级以上2个	关键岗位4级1个	关键岗位4级2个所有一般岗位3级	所有岗位4级
11		管理技术	管理知识测试成绩60分以上或人才池成绩前80%	管理知识测试成绩70分以上或人才池成绩前80%	管理知识测试成绩75分以上或人才池成绩前60%	管理知识测试成绩80分以上或人才池成绩前40%	管理知识测试成绩85分以上或人才池成绩前20%	管理知识测试成绩90分以上或人才池成绩前5%
12	综合能力	组织能力	能组织完成活动内容或活动团队评价成绩前80%	活动评价成绩70分以上或活动团队评价成绩前80%	活动评价成绩75分以上或活动团队评价成绩前60%	活动评价成绩80分以上或活动团队评价成绩前40%	活动评价成绩85分以上或活动团队评价成绩前20%	活动评价成绩90分以上或活动团队评价成绩前5%
13		表达能力	内容表述完整	表达能力评分70分以上或活动团队评价成绩前80%	表达能力评分75分以上或活动团队评价成绩前60%	表达能力评分80分以上或活动团队评价成绩前40%	表达能力评分85分以上或活动团队评价成绩前20%	表达能力评分90分以上或活动团队评价成绩前5%
14		总结分析能力	总结报告内容完整	总结报告内容完整	总结报告内容完整	总结报告内容完整、内容逻辑严谨	总结报告内容完整、内容逻辑严谨、版面优美	总结报告内容完整、内容逻辑严谨、版面优美
15	领导综合评价		无违法违规行为、符合培育标准					

（续表）

评价项目		普通班组班组长任职必备条件 星级班组备班组长必备任职条件	一级	二级	三级	四级	五级
	必达项（第 1、10、15 项）	必须满足（第 1、10、15 项）					
评价项（第 5~9 项、第 11~14 项） 降级项（第 5 项、11~14 项） 升级项（第 2~4 项）	1. 第 7~9 项不纳入评价 2. 第 5~6 项、第 11~14 项中最多 1 项不符	1. 第 7~9 项不纳入评价 2. 第 5~6 项、第 11~14 项中最多 1 项不符	1. 第 7~9 项不纳入评价 2. 第 5~6 项、第 11~14 项中最多 1 项不符	1. 第 7~9 项中最多 1 项不符 2. 第 5~6 项、第 11~14 项中最多 1 项不符	第 5~9 项、第 11~14 项中最多 1 项不符	第 5~9 项、第 11~14 项中最多 1 项不符	
	第 11~14 项中，2 项以上未达标认证降低 0.5 级	第 11~14 项中，2 项以上未达标则降低认证评级 0.5 级	第 11~14 项中，2 项以上未达标则降低认证评级 0.5 级	第 5 项、第 11~14 项中，2 项以上未达标则评级降低认证评级 0.5 级	第 5 项、第 11~14 项中，2 项以上未达标则评级降低认证评级 0.5 级	第 5 项、第 11~14 项中，2 项以上未达标则评级降低认证评级 0.5 级	
		3 项（第 2~4 项）均满足则提升认证等级 0.5 级					

注：班组长评价机制可根据企业实际情况，降低对学历、年龄等的要求，提高对管理技术、表达能力，总结分析能力的要求。

班组长技能水平提升的重点如下。

（1）见识。班组长应增长见识，以增强判断能力，从而学会根据事物的发展趋势预见未来。增长见识的方法有很多，班组长可在自身能力所及的范围内选择适合自己的方法，例如阅读专业书籍、观看同领域的教学视频、参加企业组织的培训课程等。

（2）人际关系。很少有人可以在企业内断绝与他人的联系。更何况班组长是管理者，需要组织、协调、处理班组成员的工作。因此，班组长应增强人际协调与人际沟通的能力，与班组成员友好相处。

（3）专业技术能力。为指导班组成员工作、保证班组安全生产，班组长必须不断提升专业技术水平，以统筹全局。

3. 提升管理技巧

班组长在管理班组时掌握一定的技巧，可使管理工作达到事半功倍的效果。因此，管理技巧也是能力增强策略的重点内容。

（1）管事的技巧。班组中与生产有关的所有事务，都需要班组长使用一定的技巧加以管理。

①上班前的准备工作。班组长应提前到达工作地点，做好检查管理区域内卫生情况、了解物料使用情况、排除机器故障等工作，以确保当日生产顺利进行。

②上班中需处理的工作。班组长在班前会上应先确认有无临时缺勤人员，若有，则及时进行人力调整；再通报昨日生产状况，并传达上级指示。在班组成员工作过程中，班组长应做好巡查工作，关注班组成员工作进度、产品质量，并对新手或工作中的易错点进行指导；时刻注意机器的使用情况，关注班组成员是否按照标准工作。

③下班前应检查的事项。当日事当日毕，班组长应及时处理当日出现的问题，查看当日工作完成情况及产品质量，并巡查管理区域内的工作环境及安全事项，然后制定次日的工作目标。

（2）管人的技巧。班组长应对班组成员的性格、技能等做详细了解，以便协调工作。同时，班组长需做好与班组成员之间的沟通工作，处理好与班组成员的工作关系。

4. 制定班组长能力增强计划

企业应根据班组长的实际情况制定能力增强计划，并加以有效实施。某企业班组长能力增强计划表如表 2.1-5 所示，其他企业可根据班组长的实际情况对其中的内容进行调整。

表 2.1-5　某企业班组长能力增强计划表

序号	内容	讲师
1	《TTT 内训师》——开场和结束	
2	班前会验收标准	
3	PDCA-1	
4	人才池制度、流程	
5	5S 管理进阶	
6	办公软件基本操作	
7	设备维护和保养基础知识	
8	定点摄影	
9	设备点检	
10	OPL 单点教育	
11	OPL 单点教育（实操）	
12	TWI- 工作教导（JI）	
13	班组长角色认知	
14	《TTT 内训师》——手势肢体	
15	PDCA-2	
16	总结报告类文件的编写	
17	梳理工艺原理及重点工艺参数	
18	产品基本物性指标知识	

（续表）

序号	内容	讲师
19	沟通技巧	
20	目视化培训	
21	5W2H 分析	
22	不良品判断标准	
23	TWI- 工作关系（JR）	
24	5Why 分析	
25	《TTT 内训师》——语速语气	
26	质量意识	
27	水刺工艺原理及重点工艺参数	
28	产品质量异常	
29	安全管理基础知识	
30	班组长一日工作流程	
31	班前会准备	
32	PDCA-3	
33	《TTT 内训师》——眼神	
34	危险源识别 -1	
35	危险源识别 -2	
36	KYT 安全预知	
37	一元改善方案	
38	成本意识	
39	七大浪费 -1	
40	《TTT 内训师》——课件开发	

（续表）

序号	内容	讲师
41	七大浪费 -2	
42	七大浪费 -3	
43	七大浪费 -4	

备注：
1.TTT（Training the Trainer to Train）培训，指的是以视觉化的工具为基础，在培训中以视觉化框架贯穿全场，为学员提供视觉化工具，引导学员进行自我学习
2.PDCA，即 Plan（计划）、Do（执行）、Check（检查）和 Act（处理），PDCA 循环就是按照顺序进行质量管理，并且循环不止地进行下去的科学程序
3.OPL（One Point Lesson），一般被称为单点课程，又称一点课，是一种在现场进行培训的教育方式
4.TWI（Training Within Industry），即为督导人员训练，或一线主管技能培训，是一套针对生产基层主管设计的成熟课程
5.5W2H，即为为什么（Why）、做什么（What）、何人做（Who）、何时（When）、何地（Where）、如何（How）、多少（How much）的缩写，又称之为七问分析法
6.5Why，又称"5 问法"，也就是对一个问题点连续以 5 个"为什么"来自问，以追究其根本原因
7.KYT（Kiken Yochi Training），是针对生产的特点和作业工艺的全过程，以其危险性为对象，以作业班组为基本组织形式而展开的一项安全教育和训练活动，它是一种群众性的"自我管理"活动，目的是控制作业过程中的危险，预测和预防可能发生的事故

在制定出类似的计划表后，还需安排具体培训时间。企业应在保证班组具体生产活动不受影响的情况下，尽快完成计划表中的培训内容，从而在短期内迅速增强班组长的能力。

2.1.4　精益一星班组评价

精益一星班组是精益星级班组的基础。在该阶段，企业需从制度层面对班组进行管理，需要通过 TWI（Training Within Industry，督导人员训练）、班组内部现场环境改善、班组长全方面发展等手段，初步改善班组内部存在的明显问题，为建设更高星级的精益班组夯实基础。

1. 精益一星班组的评价标准

评价精益一星班组，应从以下 3 个方面着手。

（1）日常工作管理。企业应根据精益一星班组物料使用情况、产品质量、生产作业记录、交接班管理及生产现场安全检查等项目，对精益一星班组的日常工作做

出评价。例如，企业将每个项目的满分设置为 5 分，如发现某班组的一批产品质量未达到标准，只能返工或销毁，造成浪费，则可以给产品质量这一项打 2 分。

（2）日常 5M1E 管理。5M1E 是班组现场管理的六大要素，也是评价的重要依据，其具体内容如下。

①人（Man），包括班组成员及班组长在内的全体员工。

②机器（Machine），是指用于生产活动的设备。

③物料（Material），指生产活动中使用的原料及辅料。

④方法（Method），指生产活动中使用的工艺、流程等。

⑤测量（Measurement），即对现场仪器、仪表的状态进行确认及监测。

⑥环境（Environment），即观察工具、材料的摆放是否符合标准，取用是否方便等。

对精益一星班组的评价，应围绕人、机器、物料、方法、测量、环境 6 个方面进行，通过对其状态的确认及对变化点的管理控制进行评分。

（3）员工素质。企业应通过观察员工工作服、工作牌的穿戴情况，员工行为是否规范，班组长与员工的工作关系，及员工绩效考核等方面，对员工整体素质进行综合评价，从而给精益一星班组打分。

2. 评价精益一星班组的作用

企业评价精益一星班组不仅有利于精益战略的长期推行，也有利于班组短期工作情况的改善。

（1）使员工更乐于工作。虽然班组长是基层管理人员，但班组长的管理工作并不轻松，反而因事无巨细而变得十分烦琐、复杂。同时，因上下级对班组长的工作表现有不同的要求和期待，所以班组长在班组管理工作中，需不断寻找上级与下级之间的平衡点。

企业通过评价精益一星班组，能协调班组内外管理层与基层员工的关系，能使班组长设身处地为上下级考虑，缓和上下级之间的矛盾。

（2）改善现场环境，提升工作效率，降低生产成本。在精益一星班组的评价压力面前，班组长就如何改善现场环境，能对班组成员提出明确要求。

面对评价任务，班组成员应按照 6S 管理活动执行标准，从现场环境的整理开始，完成整顿、清扫、清洁、素养、安全等方面的工作，从而实现现场环境的干净、整洁、井然有序。在此过程中，员工整体素质有效提升，并且更愿意遵守企业制定的规章制度，严格按照作业标准作业。

精益一星班组评价活动的开展，将提高员工的工作效率、降低生产成本，同时保证员工的身心健康及安全。

（3）促进班组内部人才育成，提升企业竞争力。企业在评价精益一星班组的过程中，通过实施基层管理人才池管理制度，对基层管理人才进行选拔、培养、任用；并通过实施人才育成制度，提升核心竞争力，使自身在激烈的市场竞争中处于优势地位。

（4）有利于健全制度，统一标准。由于精益一星班组评价的影响，班组成员在逐步推行班组精益管理的过程中，能通过梳理自己负责的工作内容，进一步明确工作职责，掌握正确的工作方法。在此基础上，班组将适应更高的评价要求，建立规范的工作流程，制定标准化的工作要求，使管理工作系统化。

2.2　一周一标杆的管理与推进

一周一标杆是企业进行班组精益管理的第一步。其重点在于树立革新榜样，并利用革新榜样的力量，实现班组文化突破，从而推动企业文化突破，促进企业持续健康发展。

2.2.1　什么是一周一标杆

一周一标杆是新益为专有的精益标准化咨询产品。这一精益推进方法，经过10 年沉淀而产生，尤其适合我国企业现状，可帮助企业突破其原本无能为力的革新瓶颈。

一周一标杆是企业实施精益改革的第一步，重点在于利用革新榜样的力量，实现企业文化突破。通过一周一标杆方法，企业可以建立相关的标准，让全体员工看到改善的主旨意义和深远价值；可以树立精益改善文化，统一员工，尤其是管理人员的思想。

从长远来看，一周一标杆活动能够将精益改善、组织形式变革和文化革新三者紧密结合，实现周周有成果的团队标准化改善目标。

2.2.2　一周一标杆推进模型

一周一标杆重点推进生产现场的团队改善，其特点在于时间短、见效快，力求在一周内显著改善企业现有的最严重的现场管理问题。

一周一标杆推进模型如图 2.2-1 所示。

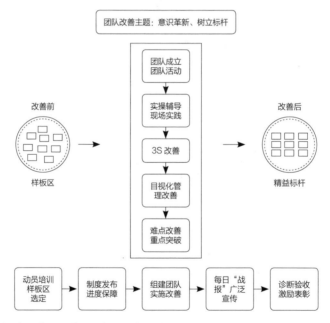

注：3S 改善，即整理（Seiri）、整顿（Seiton）、清扫（Seiso）

图 2.2-1　一周一标杆推进模型

改善前，动员全体员工接受培训，并选定样板区。一般而言，样板区应该是问题较为明显，同时又具有代表性和可扩展性的生产区域。

样板区选定后，需要成立改善团队。改善团队通常以班组为单位，由工艺、品质、设备领域的员工组成。

改善团队成立之后，需要以 3S 改善、目视化管理改善为切入点，进行难点改善和重点突破，完成样板区改善实战。改善实战完成一周后，企业需对现场进行验收并进行激励表彰。在改善成果体现出来后，本着样板区先行、打造标杆的目的，改善团队应将样板区改善活动进行横向扩展，影响整个企业的不同领域、不同团队和不同岗位，发起企业内全面的现场改善活动。

2.2.3 一周一标杆推进流程

短短一周内，企业应如何完成标杆的建立，从而开启随后的全面推进环节呢？一周一标杆推进流程如图 2.2-2 所示。

给我一周时间，让你完成一次蜕变			
第一天	第二、三天	第四天	第五天
Step1：事前准备和事项确认 Step2：组建团队 Step3：项目启动大会	Step4：召开每日例会 Step5：现场改善实践 Step6：重点改善讲解 Step7：顾问现场巡回指导	Step8：预验收、横向学习 Step9：事前准备等事项确认 Step10：周总结报告编制	Step11：现场验收 Step12：召开总结发表会议

图 2.2-2 一周一标杆推进流程

一周一标杆的推进时间为 5 天，具体内容如下。

1. 第一天

活动的顺利启动离不开周密的准备工作，只有准备充分，才有可能成功。

第一天，企业应进行事前准备和事项确认，组建样板区团队并对其进行培训，完成改善分工。

同时，这一天应召开项目启动大会，通过活动介绍和思想动员，确保上下统一、思想一致。在大会上，领导应对样板区团队代表进行授牌，将改善任务传递给样板区。大会结束时，所有团队集体宣誓，团队干部写下改善誓言，确保所有员工铭记精益生产方针和口号。

2. 第二、三天

这是现场改善实践中最关键的两天，所有团队都全力以赴对顾问提出的问题点进行改善。这个过程需要各部门协调支持，每个成员都要进行创意思考，充分发挥自身的作用。

具体的工作内容如下。

（1）召开每日例会，确认计划完成进度。

（2）进行当日工作所涉及的专业知识的培训。

（3）进行现场 3S 改善实践。

（4）进行重点改善讲解。在顾问的指导下，完成样板区重点改善事项的跟进。

（5）现场巡回指导。由顾问对现场改善重点进行指导，各团队对改善亮点进行交叉学习。

这两天的改善实战是紧张而充实的，每个团队都需要秉持"今日事，今日毕"的精神开展工作。新益为的顾问导师经常在这两天的凌晨刚刚回到住处，就收到这样的短信："尊敬的老师，今日改善的 18 项内容已全部完成。请老师放心，没有借口，完美执行！"

这样的话语让新益为的顾问导师既感动，又欣慰。短短 48 小时内的高强度改善工作，让员工体会到团结一致的精神，这种精神正是日后企业进行精益改善最需要的文化种子。

3. 第四天

第四天重点进行改善成果预验收和横向学习。企业应组织所有团队进行横向交流学习，每个团队都应学习其他团队优秀的地方，改善自身的不足。此外，各团队还需要明确事前准备等事项的确认，并将公共出现的问题，将其列为下一步改善的目标，并编制出周总结报告，这同时也是查缺补漏的机会。

4. 第五天

由企业管理层和顾问团队对现场进行验收，每个改善团队都应在此时将自身的亮点呈现出来。通过现场验收，企业管理层能够直观了解现场样板区所取得的改善成果，并确保所有员工都知道改善活动的价值，从而激发员工的热情。

现场验收后，应召开总结发表会议。在会议上，每个团队应分别介绍改善的过程和成果。

通常，一周改善后，每个团队的改善成果都会有一定的亮点。例如，新益为通过"一周一标杆"活动，指导某企业机模部贡献了可申请专利的"备件存放"改善成果。

2.3　设备初期清扫与目视化管理

班组是企业内最基本的生产单元，企业为提高生产效率制定的所有措施，都必须落实到班组层面。班组长在进行一星班组建设时，除加强对班组成员的管理外，还应加强对班组内设备的管理，建立标准的目视化管理制度，以实现生产效益最大化。

2.3.1　设备初期清扫

在设备初期清扫的过程中，班组为满足盈利需要，应在保证最低生产成本的同时，通过有效清扫手段，提高设备的生产效率，保证设备的产出品质，从而为企业做出更大的贡献。

1. 设备初期清扫概述

设备初期清扫是班组设备管理中的基础工作内容，也是一星班组建设起步过程中不应被忽视的步骤。

（1）设备初期清扫的含义。设备初期清扫是指为实现更高的设备综合效率，达到最佳生产效果，以设备为对象而建立的清扫维护流程。

班组的设备初期清扫是班组全体员工彻底清除附着在设备内外部的灰尘、异物，发现设备本身存在的缺陷，防止设备故障，提高设备综合效率的有效手段。

设备初期清扫活动可从每次清扫一台设备开始，每次活动持续 0.5~2 个小时。

（2）设备初期清扫的目的。设备初期清扫的重点在于"清扫"二字。"清扫"并不单指"大扫除"，而是指员工通过清扫，与设备深入接触，其目标是找出隐藏在深处、不易被发现的问题。

在某企业的生产班组内，员工发现一台机器总是会在使用时发出异响，但并不影响生产。起初，班组内无人主动检查这台机器。几天后，班组开展星级班组建设项目，随之开始进行大规模的设备初期清扫活动，班组全体员工都参与其中。在对该机器进行清扫时，员工发现机器内部有一颗螺母松动了，且这颗螺母位置极其重要，存在极大的安全隐患。该班组正是通过设备初期清扫，将危险扼杀在摇篮里。这个案例生动诠释了设备初期清扫的目的。

设备初期清扫，对设备来说，是为了去除灰尘污染，使潜在缺陷明显化，并对劣化、不合理问题进行处理；对员工来说，是为了引导他们通过清扫来熟悉班组活动，使他们增强对设备的好奇心，这也是班组长学习班组领导艺术的切入点。

总体来看，班组进行设备初期清扫活动，是为了发现和解决设备存在的问题。因此，解决问题即设备初期清扫的目的。

（3）设备初期清扫的要点。为使设备初期清扫达到最佳效果，班组长应注意以下几点。

①清扫的本质是点检而并非清洁。班组长应做好培训、指导和监督工作，避免班组成员混淆"清扫"和"大扫除"的概念，设备初期清扫应围绕设备机能进行。

②设备操作者应亲自清扫。对设备情况最了解的，是设备的具体操作者。由设备操作者对设备进行清扫，可最大限度地发现设备本身存在的问题。并且，设备操作者在清扫上比其他员工更熟练。

③班组应将设备初期清扫列为绩效考核项目。

④班组应坚持长期对设备进行清扫。班组长带领班组成员开展长期设备初期清扫活动，通过对设备的长期维护，使设备拥有更长的使用期，从而降低企业采购设备的成本。

2. 设备初期清扫的方法

班组应按照一定的方法进行设备初期清扫，使清扫活动更加舒适、简便、快捷。设备初期清扫的方法如图2.3-1所示。

图 2.3-1　设备初期清扫的方法

班组成员按照图 2.3-1 所示的设备初期清扫的方法进行清扫，可使清扫更快捷。

（1）由上到下。班组成员在清扫设备时，应按照由上到下的顺序进行，形成规律，减少清扫的时间。

（2）由里到外。班组成员为避免对设备外部进行二次清扫，应先从设备内部开始清扫，以提高清扫效率。

（3）由复杂到简单。设备清扫活动应是彻底的。设备清扫成功的关键，是将能拆卸的部件尽量拆下，对其进行彻底清扫，以清除灰尘并检查设备是否存在缺陷。因此，设备初期清扫应从复杂的拆卸工作开始，到简单的清洁工作结束。

3. OPL 管理

OPL（One Point Lesson）是指"一点课"活动，时长一般不超过 10 分钟，因此 OPL 又被称为"10 分钟教育"。OPL 主要用于提升现场生产质量，是实施 TPM 管理的工具之一。近年来，一些企业通过实施 OPL，使班组员工成为老师，参与编写教材并作为辅导员开展培训，以此鼓励员工在工作中"多一点发现、多一点思考、多一点创新"。

（1）OPL 的特点。OPL 因其便于使用、效果明显，深受大部分企业喜爱，除此之外，OPL 还有以下几个特点。

①普通员工做导师，将被教育者变成教育者，激发员工的工作热情。

②随时随地都可以进行。

③使员工能够发现班组内部不易察觉的问题，促进班组管理模式的改善。

④知识共享、经验共享。

（2）OPL 的内容。OPL 是在生产现场进行培训的教育方式，主要针对在班组成员工作过程中出现的质量问题，由经验丰富、能够有效解决问题的员工开展培训活动。班组通过 OPL，可实现资源的共享和生产效率的提高。OPL 的主要内容如下。

①教材。教材通常很少，只有一张纸，但教材必须图文并茂，并且在编写方面还有一定的要求。由于 OPL 一般利用班前会开展，可使用的时间较短，因此，教材内容必须简单易懂、条理清晰。此外，图表、照片、实物等也可以作为教材。

②课程内容。课程内容以 TPM 管理为主，并结合班组内生产情况。由于课程时间一般只有 10 分钟，所以课程范围不能过大，通常每节课仅涉及一项内容，例如班组安全管理、6S 管理、设备结构知识、设备点检规范、改善生产的方法等。

③ OPL 的讲解者。OPL 的讲解者应是具有丰富经验并能有效解决产品品质问题的员工。OPL 的实施目的在于引导员工树立"岗位就是课堂，人人都能当老师"的意识，为员工搭建学习和成长的平台，满足企业和员工共同发展的需要。

在一星班组中，员工的积极参与是 OPL 得以实施的前提。普通员工既可以是 OPL 的倾听者，也可以是 OPL 的讲解者。

（3）OPL 的实施流程，企业在实施 OPL 的过程中，需制定标准化、规范化的实施流程，促使 OPL 活动能够深入、长久开展下去。OPL 的实施流程如图 2.3-2 所示。

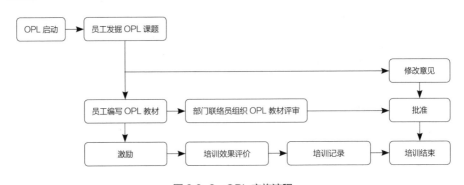

图 2.3-2　OPL 实施流程

要想顺利实施 OPL，班组在实施 OPL 之前就应激发和鼓励有经验、有能力的员工，将其经验和心得编写成教材，主动在班组内分享经验。班组能通过这些员工的贡献，带动全体员工参与质量改善。

同时，班组长还应引导员工发掘课题，发现生产活动中的问题，并鼓励员工自主寻找解决方法。之后，班组长应让员工将自己发现的问题和想到的解决方法记录下来，作为下一次课程的内容。

班组的表彰和激励活动，也是确保 OPL 能够深入、长久实施的重点。企业应奖励各班组的 OPL 讲解者，激发员工的参与热情，推动一星班组向二星班组跨越。

2.3.2　三现"地图"

在设备初期清扫过程中，为发现设备中的冲击点、发生源、困难源等缺陷，明确其对设备运作的影响程度，班组成员可通过绘图、绘制表格的方式，将设备的主要构件及其作用展现出来，即绘制三现"地图"。三现"地图"示例如图 2.3-3 所示。

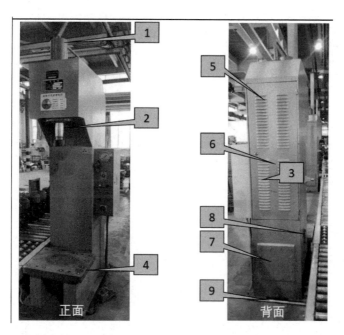

注：图中的序号标注的是设备的主要构件及容易出问题的位置

图 2.3-3　三现"地图"示例

通常采用手绘方式绘制三现"地图"，但考虑到员工的接受程度，初期可采用拍摄方式进行，以便员工直接标识设备中出现问题的位置。班组成员为方便整理，可将问题写在不合理发现清单上，以便后期解决。不合理发现清单如表 2.3-1 所示。

表 2.3-1 不合理发现清单

区域：　　　　　设备名称：　　　　　设备编号：

序号	部件或部位名称	不合理现象（内容）	不合理区分	发现日	发现者	原因	对策	实施者	解决区分		解决日期		备注
									自己	支援	计划	完成	

注：“不合理区分”包括①整理；②整顿；③基本条件；④微缺陷；⑤发生源；⑥困难部位；⑦不安全部位；⑧其他

通过上述方式，班组可以将设备存在的缺陷通过表格完整、清晰地展示出来，使班组成员清扫起来更加快捷。

1. 三现“地图”的绘制重点

三现“地图”主要为展现设备存在的问题而绘制，其绘制重点如下。

（1）冲击点。冲击点主要指设备与设备之间有摩擦及碰撞的点。以常见的洗衣机为例，如果两台洗衣机的位置很近，那么，开始运行后，两台洗衣机会因震动而相互摩擦、碰撞。

（2）发生源。发生源是指产生问题的源头，是班组进行设备初期清扫时需重点检查的位置。

（3）困难源。困难源是指班组成员在清扫过程中遇到的不安全、不便清扫的地方，例如无法移动设备紧贴墙壁的一面。

2. 三现“地图”的绘制流程

班组成员在绘制三现“地图”时，应按流程进行。三现“地图”的绘制流程如图 2.3-4 所示。

图 2.3-4　三现“地图”的绘制流程

在班组管理中，按流程绘制三现“地图”，并对冲击点、发生源、困难源等危害设备的情况进行统计，能预防、解决设备可能出现的问题，以保证设备正常运行。具体绘制流程如下。

（1）选定设备。要绘制三现“地图”，首先应选定设备。在设备的选择方面，班组成员应遵循以下两大原则。

①选择班组内存在的问题多、困难源多的设备。

②选择班组内重要性及可推广性强的设备。

（2）绘图。班组成员在明确设备存在的问题之后，应将设备存在问题的构件的形状画下来，并对冲击点、发生源、困难源进行标识。

（3）解决改善。班组成员根据三现"地图"，改善并解决所画设备及相同设备存在的问题。

（4）标准化管理。设备初期清扫完成后，班组长应将清扫过程规范化，使其成为标准化的制度，并将设备初期清扫纳入绩效考核中，促使员工自主开展设备初期清扫活动。

3. 三现"地图"的评价标准

三现"地图"绘制完成后，班组长应按评价标准对其进行评价。评价标准包括以下几点。

（1）设备的主要部位是否详细、明确。班组长在对班组成员绘制的三现"地图"进行检查、评价时，应注意设备的主要部位是否有遗漏、功能及作用描述是否准确等，并根据班组成员绘制的完整度进行评分。例如，完整绘制按 10 分计，每出现一处错误或遗漏扣 1 分。

（2）三现"地图"内容是否准确、完整。班组长应检查三现"地图"上冲击点、发生源、困难源位置的准确性，以及画面是否整洁、美观，并将之作为评价员工绘图水平的重要标准。

此外，本书附了设备清扫基准卡，企业可根据自身情况借鉴使用。

附：设备初期清扫基准卡

分切机设备初期清扫标准		编制部分	生产部审核	设备部审核	批准
清扫部位	具体部位	清扫要求	清扫关注点	周期	安全注意事项
卷取轴	轴体表面	无油污、无粉尘	轴承润滑状态；螺栓、螺母状态；轴体表面光滑状态	1次/周	停机清扫
	轴头缝隙	无粉尘、无污染		1次/班	
	轴承座	无粉尘、无污染		1次/周	
动力传输段	传动轴头	无粉尘、无污染	齿轮是否有破损或缺口；皮带是否干裂；轴头是否被磨损；磁粉离合器电线是否老化	1次/周	停机清扫
	皮带	干净、无裂缝		1次/周	
	磁粉离合器	干净、无粉尘		1次/班	
	齿轮	干净、无粉尘		1次/周	
	电机	无油污、无粉尘			

（续表）

部分	部件	标准	检查内容	频次	备注
走台部分	走台板	干净、无粉尘	刀架螺丝是否脱落；调刀工具是否遗漏	1次/周	停机清扫
气路部分（1）	电磁阀	干净、无灰尘		1次/周	
	气管	干净、无污染	是否有漏气点；气管是否损坏或老化	1次/班	
	气管对接头	干净、无污染		1次/周	停机清扫
	墙板	无油污、无粉尘		1次/周	
	设备支架	干净、无灰尘	是否缺失螺丝	2次/班	
气路部分（2）	本体外壳	干净、无灰尘		1次/周	
	柜内	干净、无灰尘、无污染	过滤网是否破损；电线是否老化；散热效果如何	1次/周	注意电线接头、禁止使用湿抹布
	过滤网	干净、无污物		1次/班	
	线路	干净、无污渍		1次/周	

2.3.3 标准目视化标识模板的设计

目视化管理是一星班组精益管理中相当重要的环节。目视化标识是否符合标准，将在很大程度上影响一星班组的精益业绩表现和设备初期清扫效果。标准目视化标识模板的设计和运用，是一星班组成长中尤为重要的一步。

1. 标准目视化标识模板设计的要求

企业在对班组进行目视化管理时，应按规范化要求设计目视化标识。标准目视化标识的设计应满足以下两个原则性要求。

（1）标识应清晰、完整、醒目。目视化标识模糊或不完整，会影响班组成员的工作效率，甚至威胁班组成员的安全，例如紧急疏散通道箭头不完整。

（2）标识颜色应为国家规定或行业默认的颜色。例如，安全标识所用的颜色应符合 GB 2893-2008《安全色》的规定。

2. 目视化标准类型

（1）颜色标准化。颜色是目视化管理的重要内容之一，区域不同，颜色也各不相同。

①管道颜色标准化。在使用颜色作为管道标识时，应采用不同的颜色区分不同的管道系统。一般情况下，应使用国家规定或行业默认的颜色作为管道标识。

例如，生产、生活自来水管为绿色，消防水管为红色，生活、生产污水、废水管为黑色，工业酸液管为紫色，工业碱液管为橙色等。同时，班组长应在管道上标注颜色所代表的名称及管道内介质的流向。

班组在目视化管理中，不必将管道全部涂上颜色，可使用色环进行标识，以提高效率。此外，色环一般间隔约 100 米；管径大、容易看清的地方，可间隔 200米；管径小、不易看清的地方，则间隔 50 米或以下。

②班组生产画线标准化。班组生产画线是为规范厂房、管道、设备等的基本色，使班组生产现场的形象整齐划一。员工在使用油漆画线前，应先将需画线的位置清扫干净，并提前设计好画线图。在选用油漆时，应注意其有效期、颜色等。

以班组配电箱警示画线为例，画线目的是对车间配电箱、消防器材进行警示管理，防止其被阻挡，画线设计和操作标准如下。

- 配电箱采用宽度为 100 毫米黄黑相间的线条进行警示。

- 采用黄色调和漆，整体涂刷均匀，涂刷厚度为 2 毫米。

- 自然干燥 12 小时后，间隔 100 毫米贴纸胶带，内部斜线倾斜 45 度，涂刷黑色漆。

- 刷漆时，应避免污染其他区域。

（2）标识标准化。班组在制作目视化标识时，应使用国家规定的标志、图案进行操作，以保证一目了然，标准统一。例如，按照 GB/T 10001.1—2000《标志用公共信息图形符号第 1 部分：通用符号》，使用通用符号等进行标识。

（3）定置图标准化。在给物品画定置图时，可根据物品的投影绘图，也可根据使用尺子测量的物品尺寸绘图。

班组内物品定置图划定。通过给物品画定置线的方式，将物品位置固定，便于班组日常管理。例如，使用定置图将小推车等可移动工具的位置固定等。例如，使用定置图将办公桌上的办公物品的位置固定等。又如，使用班组物品定置线对班组内可移动物品进行定置，便于日常管理。画线标准是对班组内可移动物品采用 50 毫米黄色线条进行定置。采用黄色调和漆，均匀涂刷，涂刷厚度为 2 毫米。此外，在画线定置时，应避免污染其他区域。

（4）安全标准化。安全是班组生产的保障，是班组管理中最为重要的内容。在班组内，安全主要涉及交通、设备操作等多个方面。

①交通标识标准化。班组长在进行班组管理时，应对班组内的通道使用颜色进行明确标识。例如，人行道用绿色标识，并画上人形图案；车行道用黄色标识，并画上箭头明确车行导向；紧急疏散通道用红色标识，并画上箭头明确紧急疏散导向等。

②设备操作标识标准化。设备操作标识标准化主要表现在设备的开关方面。例如，红色代表关，绿色代表开，灰色代表暂停等。

2.3.4　目视化管理培训

目视化管理具有形象直观、透明度好的优势，是精益一星班组设备初期清扫过程中必不可少的一部分。为使目视化管理的效果最优，班组在实施目视化管理前，应做好培训工作，保证目视化管理顺利实施。

1. 目视化管理的概念

目视化管理源于丰田公司的准时生产制，是通过利用人的五感（视觉、听觉、触觉、嗅觉、味觉），以简单快捷的方法传递和接收信息，提高班组成员工作效率的一种管理方式。其中，人的视觉运用范围最为广泛，因此，目视化管理又被称为"看得见的管理"。

2. 目视化管理的特点

通过培训，员工可以了解到目视化管理的特点。

（1）一目了然。目视化管理以视觉信号为管理的基本手段，在执行过程中，要坚持视觉化的原则。例如，通过颜色、数字、图形等形式，直观地将管理者的意思表达出来。

（2）公开透明。班组实行目视化管理，要坚持透明化的基本原则，使班组成员看得见、看得懂，以推动班组管理自主化。

（3）方便记忆。目视化管理应从实际出发，有重点、有计划地逐步展开。同时，目视化标识应为通用图案，简洁、鲜明、便于记忆。

（4）低成本。目视化管理意味着全体员工要对内部环境进行改善，并在改善的同时，消除浪费。

3. 目视化管理的作用

目视化管理因简单、有效而在大部分企业中得到广泛应用，它有助于精益一星班组管理措施的完善，为提升企业核心竞争力发挥了相当重要的作用。为此，企业应通过培训，让员工了解目视化管理对设备初期清扫工作的指导作用。

（1）目视化管理形象直观地展现了班组设备管理存在的问题及浪费现象。目视化管理不只是一星班组精益管理的重要环节，同时也是 6S 管理的重要内容。在目视化管理中，企业通过整理、整顿、清扫、清洁等一系列流程，将班组内部存在的问题及无用物品造成的严重浪费彻底清除，以实现一星班组精益管理目标，推动企业效益最大化。

（2）迅速传递信息。通过目视化管理，班组可充分利用颜色、图案等简单、鲜明的视觉信号，使新员工也可快速理解相关信息，从而达到迅速传递信息的目的，以便更好地清扫设备。

（3）提高效率。目视化管理使现场环境中的物品摆放情况一目了然，节约了班组成员在寻找物品上花费的时间，提高了班组成员的工作效率。

（4）促使班组成员自主管理。班组通过标准的目视化标识、统一的识别方法，促使班组成员在行为、思想上达成一致，实现自主管理。

4. 目视化管理操作流程

目视化管理操作应遵循一定流程。只有通过培训，员工才能将目视化管理同设备初期清扫联系起来。目视化管理操作流程如图 2.3-5 所示。

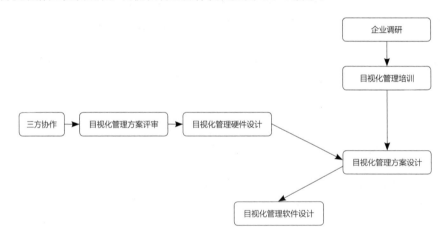

图 2.3-5　目视化管理操作流程

在图 2.3-5 所示的目视化管理操作流程中，企业调研，即班组对目视化管理清单进行规划，并引导班组成员按目视化管理清单对物品进行拍照和定位。目视化管理软件设计则是指对班组制定的目视化管理方案进行程式化的设计，以便于更容易地执行，其对班组成员的管理提出了要求。

班组长通过目视化管理培训，使班组成员充分了解目视化管理的含义，确保人人皆知、人人会用，以促进班组精益文化的形成。

5. 目视化管理的培训内容

目视化管理的培训内容由其管理原则而定。目视化管理的透明化、可视化、界限化原则，决定了培训内容必须公开化、标准化、图表化。

（1）规章制度与作业流程公开化。为维护班组的统一性，保证作业按标准进行，实现安全生产，并提高劳动生产率，在工位、操作台等与生产工人密切相关的位置，都应粘贴企业规章制度、作业流程等。

（2）物品摆放标准化。物品摆放标准化是企业实施目视化管理的目的，也是目视化管理的重要内容。物品摆放方法有定置图摆放、定置线摆放、根据物品形状使用容器盛放等，这些方法都以方便取用、搬运、点数为目标。

（3）色彩标准化。色彩是目视化管理中常用的视觉信号，合理、科学地运用色彩，是目视化管理成功实施的关键。例如，我国已经明确含义的色彩包括代表禁止的红色和代表通行的绿色。

（4）生产任务与完成情况图表化。企业应将各班组应该完成的生产任务及完成情况等信息，以图表的形式向员工公布，使员工能够了解生产进程，及时发现影响生产效率的因素。

6. 目视化管理的培训重点

目视化管理有初级、中级、高级 3 个水平，其中高级是企业应该努力的方向。若企业想要在基层加快实现目视化管理，尽快完成班组现场环境的改善，那么，明确目视化管理的培训重点很重要。

目视化管理的培训重点如下。

（1）定置管理。定置管理是对生产现场的人、物、场所三者的关系进行合理调控，使之达到最佳状态的一种管理方法。简而言之，定置管理是固定人的工作场所和物的放置场所的方法，是 6S 管理中整理、整顿部分的深入和细化。企业通过实施定置管理，可以建立规范、标准、有序、信息准确的工作环境，从而提升班组管理水平。

（2）看板管理。企业通过实施看板管理，可以明确物品的放置场所、使用状况、数量、负责人、管理人等基本情况，使人一目了然。

（3）红牌管理。所谓红牌，是指用红色的卡片做成的问题揭示牌。在班组里找到问题点，并悬挂红牌的活动被称为红牌"作战"。企业通过红牌"作战"，能够快速解决问题，达到持续改善班组的目的。

（4）信号灯管理。在日常生活中，信号灯通常指"红绿灯"，是用来管理交通的工具。而在企业中，信号灯是指工序内发生异常时，用于通知管理人员的工具。一般情况下，信号灯分为以下几类。

①发音信号灯。发音信号灯一般在请求物料配送时使用。生产线上的员工需要物料时，可以通过发音信号灯发出需求。

②异常信号灯。异常信号灯通常用于出现不良品或生产线上发生异常等情况。当异常信号灯亮起时，员工应该及时通知管理人员，并在异常排除之后关闭异常信号灯。

③运转指示灯。运转指示灯通常用来检查设备的运转状况。例如，如果设备在启动、停止运转时出现异常，运转指示灯就会亮起，并在显示屏上显示出现异常的原因。

④进度灯。进度灯对应作业的程序和步骤，是安装在生产线上用于控制工序时间的装置。

2.3.5　目视化标识设计

人们对各种信息的接收，主要依赖视觉。为建立精益一星班组，确保设备初期清扫的效果，获取更大的效益，规范的目视化标识是必不可少的。企业应按照国家标准及行业规定进行目视化标识设计，例如使用不同颜色代表安全警告、危险警示、通道导向等。

1. 颜色设计

企业可根据不同颜色对人们的刺激程度，来设计安全警告、危险警示、通道导向等，以规范班组工作区的色彩，保障生产的安全和效率。

在班组生产中，一般会使用以下几种颜色。

（1）红色。一般情况下，红色代表警告或禁止。例如，班组内存放不良品的区域，用红色表示警告；或禁止存放物品的区域，用红色表示禁止。除此之外，消防栓、紧急疏散通道等的标识，也可用醒目的红色进行设计。

（2）黄色。黄色一般表示警示或提醒，适用于通道线、定位线、安全道外侧等。

（3）绿色。绿色使人感到轻松、惬意、安全，表示"准许行动"之意。安全通道、紧急出口等的标识可使用绿色。绿色也可作为保护色。例如，将班组工作区地面涂成绿色，可起到缓解眼睛疲劳、保护视力的作用。

（4）黑色。黑色代表神秘、危险，一般用于危险物品的警告，或用来制作文字、图案标识。黄黑相间警示线如图 2.3-6 所示。这一设计使用黄黑相间的线条引起视觉关注，表达警示之意。

图 2.3-6　黄黑相间警示线（黑白图中的白色即为黄色）

（5）白色。白色代表纯洁、干净。因此，物品放置区通常使用白色线条，意为"不乱放、摆放整齐"等。

2. 看板管理

班组看板是班组为实现准时生产而用来控制班组生产流程的工具。班组看板同样使用可视化的手段来快速、准确传达"何物、何时、多少"等信息。

（1）看板的种类。根据传递的信息内容的不同，看板主要分为传送看板、设备看板、取货看板、品质看板、生产看板、工序管理看板、部门管理看板等。

（2）看板的设计。班组在设计看板时，应综合考虑、分析看板的用途、使用场合，确保看板符合使用场合的要求。

①看板的样式。看板有卡片、铁片、图片等不同的样式。然而，无论何种样式，在相同区域的看板种类、数量要统一。

②看板的内容。看板上的内容一般根据看板的用途而定。例如在取货看板上，

第一部分内容应写明取货地点，第二部分内容应写明货物名称、数量等，第三部分内容应写明送货地点。

③看板的材质。看板的材质应经久耐用，且容易制作、容易识别。

④看板的结构。看板的结构应做到横平竖直、方便观看。

⑤看板的版面设计。看板的版面应富于变化，并使用不同的颜色加以区分，从而激发班组成员的阅读兴趣。

2.4　三定管理与目视化管理

物品管理是班组管理中不可忽视的一部分。班组现场环境的好坏，尤其是物品管理水平的好坏，将直接影响班组管理的成本和效益。坚持三定管理和目视化管理，可进一步加强班组对物品管理的重要性的认识，有利于优化班组管理模式，促进企业发展壮大。

2.4.1　三定管理

三定，即定置、定量、定容，是 6S 管理中整顿工作的核心内容。班组长对班组的环境现状进行综合分析后，即可着手对班组的物品进行三定管理。

1. 三定管理的内容

（1）定置。定置是根据物品的使用频率和使用便利性，决定物品的放置位置。一般来说，使用频率越高的物品，应放置在距离工作场所越近的地方。班组长在放置物品时，应遵循位置固定和根据物品使用频率及使用便利性定位的原则。在对物品进行定位时，应做到以下几点。

①做好定置区域的场所标识和编号标识。编号标识分为地域标识和编号标识。其中，地域标识可使用英文字母表示，编号标识可使用数字表示。

②使用颜色对物品状态进行区分。例如，绿色代表合格品，白色代表半成品，

红色代表不良品等。

③定置时要考虑物品的大小、形状、用途、使用频率等因素。

④清扫类物品应以悬挂方式放置，并在下面放置接水盘。

⑤尽量利用架子放置物品，以提高空间利用率。

（2）定量。定量是指通过合理设置，确保班组全体成员能一眼看出区域内物品的准确数量。在对物品进行定量管理时，应做到以下几点。

①放置物品的场所或棚架并非越大越好，应限制其大小，使之一目了然。

②明确库存最大量和最小量，以便及时补充库存和节约成本。

③一眼即可看出具体数量。

④相同容器盛放的物品数量应相同。

（3）定容。定容是确定容器的种类。在对物品进行定容管理时，应做到以下几点。

①放置区域或棚架应做好标识，使班组成员明确物品种类、名称。

②便于更换放置区域。

2. 三定管理的作用

三定管理的主要作用如下。

（1）通过对物品的定位，维持现场环境的整洁，提高工作效率。

（2）减少在寻找物品上花费的时间。

（3）通过三定管理，将使用频率低或无用的物品放置在远离工作区域的位置，或直接清除，从而减少库存、降低成本。

（4）班组成员能够及时发现异常情况，例如物品损坏、丢失等。

（5）使班组内物品摆放标准化，建立班组成员自主管理模式。

3. 三定管理的推行步骤

三定管理的推行，即将物品妥善放置的过程。三定管理的推行步骤如图 2.4-1 所示。

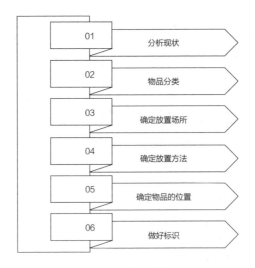

图 2.4-1　三定管理的推行步骤

　　班组长在实施三定管理时，应按照图 2.4-1 所示的三定管理的推行步骤进行，制定物品放置的标准和规范。

　　班组通过贯彻落实三定管理，可使工作场所井然有序。班组成员需要使用物品时，可立刻取用，因此，找寻物品所用的时间减少了，班组几乎实现了零损耗。

附：目视化标识模板

车间大门口安全警示牌			
目的	适用的对象范围	标准	示例图片
提示访客进入车间应遵循的基本要求	车间、厂区或者库房等工作区域	车间部门确定的内容（以车间常用警示标识为主） 悬挂位置：以人员观看视角为准，位置在水平视角 尺寸参考：400 毫米 ×400 毫米	

附：5S 管理基础知识培训表

内容	整理	整顿	清扫	清洁	素养
定义	将必需物品与非必需物品区分开，在岗位上只放置必需物品	通过科学分析和研究生产现场中的人、物、场所三者之间的最佳结合状态，使之达到最佳结合状态	将岗位变得无垃圾、无灰尘、干净整洁，创造一个保养好，并设备不染尘的环境	将整理、整顿、清扫工作进行到底，并且使其标准化、制度化	对于规定的事情，大家都按规定去执行，并养成一种习惯
好处	清理无用的东西，可使员工不必每天反复整理、整顿，清扫无用的东西而造成时间、成本上的浪费	整顿是使物品的放置标准化，使任何人都能够立即找到所需要的东西，减少寻找整顿工作时间上的浪费。开展整顿工作意义为防止缺料、缺零件，控制库存，控制资金积压	消除脏污现象，确保员工的健康和安全，为员工提供一个干净、整洁、明亮的工作环境	通过标准化维持改善绩效，塑造员工行为并改变员工意识	有助于员工养成遵守规章制度的习惯
目的	1. 腾出空间 2. 防止误用	1. 使工作场所一目了然 2. 减少寻找物品所需的时间 3. 维持良好的工作秩序	1. 保持良好的工作情绪 2. 稳定品质 3. 实现零故障、零损耗	1. 成为惯例和制度 2. 实现标准化 3. 促使企业文化开始形成	1. 让员工遵守规章制度 2. 培养拥有良好素质及习惯的人才 3. 铸造团队精神
5S 管理的推行误区	误区一：对 5S 管理的理解不到位，认为 5S 管理是单纯贴标签、刷油漆等 误区二：工作忙，没有时间实施 5S 管理 误区三：缺乏恒心，无法持之以恒地做软期 误区四：5S 管理就是简单地做清洁 误区五：员工整体素养参差不齐，做不好 5S 管理工作 误区六：决策层、执行层对 5S 管理的认识高度不够				

（续表）

内容	整理	整顿	清扫	清洁	素养
5S 管理 的推行 原理			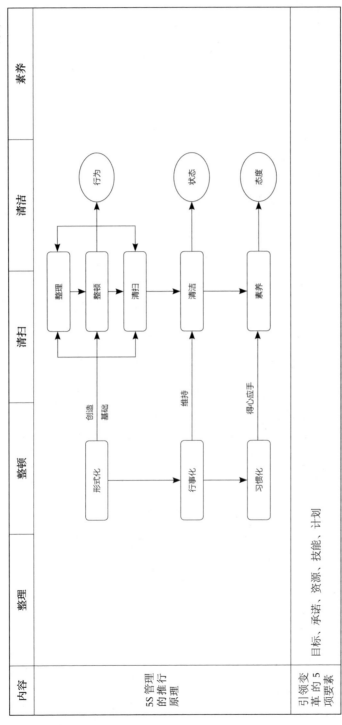		
引领变 革的 5 项要素	目标、承诺、资源、技能、计划				

2.4.2 班组问题点

班组问题点又称影响班组绩效的问题点，是指班组内部环境、生产活动、人员等存在的问题。这些问题员工司空见惯却又无所作为，任凭其存在，久而久之，会对基层班组造成无法预估的伤害，进而威胁企业的生存。因此，改善班组问题点迫在眉睫。

1. 班组存在的问题点

为提升经济效益，大部分企业早已学习先进的精益管理思想，纷纷加入问题改善大军。他们从最小的班组改善开始，建立精益一星班组，并努力达到二星乃至更高水平，以推进企业革新。然而，部分企业因为对精益管理思想的了解不够深入，在对班组进行改善的过程中，还是出现了一些难以忽视的问题点。主要问题点如下。

（1）员工作业随意性大。这是班组普遍存在的管理问题。一般情况下，新员工入职后，由老员工手把手教授新员工关于产品的作业程序、工艺标准等方面的知识。然而，老员工往往会将不规范的"作业技巧"也一并教给新员工。新员工熟练操作后，又会在操作流程中加入新的不规范的"作业技巧"。这很容易导致问题的积累和爆发。例如，一支触屏笔需要经过两次触屏测试、两次外观检测才能进入下道工序，但检验线的员工凭经验只对触屏和外观检验一次，这种"技巧"由老传新，变得越来越随意。最后，产品质量问题爆发，遭到消费者投诉，班组和企业就会遭受较大的损失。

（2）操作空间布置不合理，员工走动次数多。部分企业为获得最大的经济效益，极力压缩员工的操作空间。然而，操作空间并非越小越好，而是要尽量合理。否则，员工作业时或者束手束脚、无法施展，或者走动过多、浪费时间，这样不仅会影响员工的工作态度，还会影响员工的工作效率。

（3）生产现场合格品、半成品及不良品摆放混乱，仓库成了堆放垃圾的场所。部分班组为节约取用原材料、放置成品的时间，选择将物品全部放置在工作区域。结果，本应放置物品的仓库成了堆放废料、垃圾的场所，而现场分拣取放物品的动作，也造成了新的浪费。

（4）生产现场卫生不过关。卫生不过关的情形大都出现在设备内部、背面和设备挡住的墙壁、桌底等看不见的区域。这是因为员工将企业组织的 6S 管理活动，当成形式化的大扫除，他们只打扫看得见的地方，对看不见的地方视而不见。

（5）员工流动性大。在如今的社会背景下，人们普遍对"工厂"带有偏见。而当下大部分年轻人在选择工作时，学历高的宁愿"家里蹲"也不愿意进厂上班；学历低的即使进厂，也会很快离职。这导致人员流动过快，不利于班组文化的形成、执行标准的固化。

2. 班组问题点的改善措施

班组问题点的改善措施如下。

（1）班组长应熟练掌握班组内产品的作业程序和工艺标准，具备熟练应对各种突发问题的能力。

（2）班组长在管理过程中，考虑问题要全面，要做到管理精细，才能把控和应对各种意外事故的发生。

（3）无规矩不成方圆。任何一个集体要想长久地生存并发展，必须制定规章制度，并要求全体成员严格遵守。

（4）加强 6S 管理内容的培训，并将 6S 管理纳入绩效考核，以此推进班组内部环境的改善。

企业如能做到在精益管理思想的指导下，对班组进行持续的改善，就能推动班组管理和班组建设水平有效提升，为达到精益二星班组做好准备。

2.4.3　三定管理中的目视化标识设计

6S 管理活动中的目视化管理主要包括通道管理、班组安全管理、班组导视管理等内容。企业为确保各班组成员的安全，并方便班组长进行日常三定管理，应按照标准，根据不同的三定管理需要，设计目视化标识。

1. 目视化标识设计的标准

班组的目视化标识在一定程度上反映了班组的文化，并体现了企业的文化。在目视化标识设计中，统一、简约、鲜明是检验班组目视化标识设计水平的标准。

（1）统一。目视化标识要按照标准设计，并与周围环境相互协调，同时也要有明显的界线。

（2）简约。企业设计的目视化标识要简单易懂，让员工一目了然，同时应避免使用复杂的图案。

（3）鲜明。各种目视化标识应轮廓清晰、色彩鲜明，使员工看得见、看得清，同时应避免使用相近的颜色，例如青色和绿色、橙红色和橙色等。

2. 目视化标识设计的内容

目视化管理被称为"看得见的管理"，顾名思义，目视化标识设计是针对员工看得见的所有物品而进行的设计。目视化标识设计的内容涉及看得见的方方面面，目的是通过这些视觉信号形象直观地将三定管理中潜在的问题和浪费现象展现出来。

（1）通道管理。安全生产人人有责，简洁、界线分明的通道可用于区分生产区、非生产区，人行道、物行道，从而保障员工的安全和生产效率。在对通道进行目视化标识设计时，企业可遵守做出如表 2.4-1 所示的车间线条颜色设计规范。

表 2.4-1　车间线条颜色设计规范

项目	颜色	色条宽度规格 / 毫米
主通道	黄色	100
辅助通道	黄色	50
人行道	白色	100
消防栓、灭火器	红色	50
合格品区	绿色	50
危险区	黄黑相间	50

企业在设计通道颜色时，可使用鲜明的颜色刺激员工的感官，以达到保障员工安全和提高生产效益的目的。

（2）班组安全管理。班组安全管理是通过对配电箱，消防器材，工作区的柱子、设备、护栏等进行警示管理，保障员工的安全，确保三定管理的效果。因此，目视化警示标识的设计应该以鲜明、简单、易懂为主。

（3）班组导视管理。导视标识是指起引导、说明、指示、警告等作用的标识，例如厂区大门处的标识、主要路口的方向标识等。班组内各种导视标识主要起指引方向、明确位置的作用。在设计导视标识时，企业应该按照以下标准进行。

①在交叉路口或引导路口顺着通行方向设置导视标识。标识可以附着在地面上，也可以附着在墙壁上。

②导视标识旁应该注明位置和方位。如果不注明位置和方位，员工有可能会在交叉路口分不清方向。

③通行方向的箭头一般使用白色。如果地面也为白色，或地面颜色较浅，箭头可以使用较深的颜色，例如蓝色、黄色等。

（4）定置线标准管理。定置是三定管理成功实施的前提。定置线主要用来固定可移动的物品，以便日常管理。定置时，要注意保持周围区域的整洁。

2.5 质量管理策略

良好的产品质量是企业的生存之本，是其参与市场竞争的有力武器。好的企业，其产品质量必然经得住考验。企业应提升产品质量，以良好的产品质量作为企业的基石，才能在激烈的市场竞争中占据一席之地。

2.5.1 三检制度的落实

三检制度是指管理工作的"三检"和检验工作的"三检"相结合而形成的制度，是企业为提高质量管理效率，而在班组内进行的产品质量检验活动。

1. 三检制度的作用

企业通过三检制度，把质量管理工作的重心从"事后补救"转移到"事先预防"上，以控制出现不良品的概率，确保产品质量。三检制度的作用如下。

（1）判断员工的生产水平。企业实行三检制度后，可以根据产品质量，判断员工的生产水平。生产水平高的员工，班组长应多加关注，并利用资源对其进行系统化的培养，使之成为储备人才，以实现基层管理队伍的可持续发展。

（2）判断工序质量。操作规范、生产技术、员工能力等，都会对工序质量产生一定的影响。三检制度则为工序质量提供了检测依据。例如，生产水平基本相同的员工，按照标准化流程进行生产，不同生产线的产品质量却有所差异。在这种情况下，企业就要考虑通过改善生产工序质量来提升产品质量。

（3）三检制度可用于判定产品质量出现问题的原因，并帮助企业进行质量改善。

2. 三检制度的内容

三检制度包括以下两个方面的内容。

（1）管理工作的"三检"：是指自检、互检和专检。

①自检是指生产工人对自己生产的产品进行的初步检验。检验合格后，由班组长在自检表上签字，确认检验结果。

②互检是指生产工人之间相互进行检验。

③专检是指生产工人将自检和互检合格的产品，交给专职检验人员进行检验。

（2）检验工作的"三检"：是指首件交检、中间巡检、完工入库检验。

①首件交检，顾名思义，是指生产工人生产的第一件产品应在自检合格后交给专职检验人员检验。如果产品合格，则颁发"合格证"。

首件交检结果是判断产品质量的标准和依据，在一星班组管理中，为了避免生产过多的不良品，产生较大的损失，以及确保产品满足客户要求，企业必须进行首件交检。

②中间巡检。中间巡检也可以称为"抽样巡检"，是生产工人在生产过程中，不定时从产品中抽取样本进行检验。

③完工入库检验。完工入库检验是指一批产品自检合格后，将其交给专职检验人员进行全面检验或抽样检验。如果检验合格，那么专职检验人员要在入库单上签字、盖章，然后将入库单交给班组办理入库手续。

3. 三检制度的检验流程

产品质量检验要按顺序进行，第一步的检查工作没有完成，就不能进入下一步。三检制度的检验流程如图 2.5-1 所示。

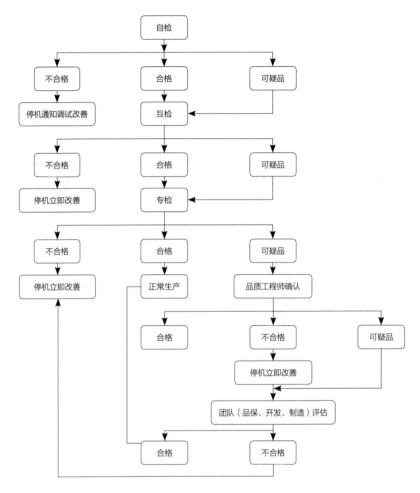

图 2.5-1　三检制度的检验流程

企业在对产品质量进行检验时，要遵守图 2.5-1 所示的三检制度的检验流程，不能遗漏任何一个环节，以保证检验工作的顺利进行。通过开展检验工作，班组可及时掌握产品质量动态，做好产品质量统计工作。班组长在产品质量检验完成后，应在检验单上签字，并尽快将检验单交给下一道工序的人员。检验不合格的产品，专职检验人员按照企业规定要求生产工人返工、返修或报废处理。

2.5.2　不良品管理

班组在检验过程中，应对不良品，包括废品、无状态标识或可疑的产品进行标识、记录、隔离、评价和处置，以防止不良品非预期使用或安装。

1. 不良品分类及各部门职责

不良品主要有 3 类，分别是严重不良品、一般不良品和轻微不良品。

（1）严重不良品指缺陷后果涉及产品安全性，肯定会引起客户不满，不能被客户接受的不良品。

（2）一般不良品指缺陷后果预计会导致产品功能缺陷，会引起客户不满和抱怨的不良品。

（3）轻微不良品指缺陷后果对产品功能无影响，只会引起要求极高的客户抱怨的不良品。

同时，班组长还应清楚，对于不良品，各部门分别承担何种职责。

（1）品保部门负责组织不良品的识别、评审工作，并跟踪不良品的处理结果。

（2）质检部门负责不良品的识别、隔离、处理，并对不良品采取纠正措施。

（3）相关部门负责协助开展不良品的隔离、评审和控制工作。

2. 不良品的管理流程

在精益一星班组的建设要求下，不良品的管理流程一般包括 4 个步骤，如图 2.5-2 所示。

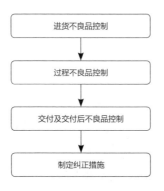

图 2.5-2　不良品的管理流程

（1）进货不良品控制。进货不良品控制又可细分为 3 步。

①进货不良品识别。专职检验人员在进货检验时若发现不良品，应将其记录在册，并通知仓库对不良品进行标识和隔离。

②进货不良品评审。由专职检验人员开出不良品通知单，并将其交给相关部门责任人进行评审。

③进货不良品处理。进货不良品处理可采用让步接收、退换等方法。在生产过程中发现的进货不良品，应由生产部门现场进行隔离和标识，再交给专职检验人员进行复检。

（2）过程不良品控制。过程不良品控制主要细分为3步：过程不良品识别、过程不良品评审、过程不良品处理，如下所述。

①过程不良品识别。班组在检验和试验时若发现不良品，应将不良情况记录在册，并把发现的不良品放入不良品存放箱中。

②过程不良品评审。明显报废且无争议及规定之外的不良品，应由检验组长签署处理意见后再进行处理。大批量的不良品，应由班组长将处理意见交给相关责任部门主要负责人签字，处理结果为报废时，还需财务部门主管成本的人员签字确认。

③过程不良品处理。班组成员在生产过程中发现不良半成品、不良成品时，其处理方式有返工、返修或不做返修直接让步接受、降级、报废等。不良品需由相关责任部门按不良品通知单上的评审结果处理。

（3）交付及交付后不良品控制。交付及交付后不良品控制主要细分为2步，即不良品被发运处理和申请让步接收。

①不良品被发运处理。当不良品被发运时，班组必须上报企业，以通知客户采取措施。企业也应采取与不良品的影响或潜在影响程度相适应的措施，包括换货或退货等。客户退回的产品，由品保部门进行分析，判定是否为企业的责任。

②申请让步接收。当产品或生产过程与当前的批准不一致时，应由班组上报相关责任部门填写让步接收申请单，然后由开发部门该项目负责人与客户联系，并经过客户同意后才能进行下一步。

（4）制定纠正措施。发现不良品后，班组应采取相应的纠正措施，执行企业有关不良品控制的规定。最后，由品保部门每月对不良品的信息进行统计和分析，对不良品超标的班组发放行动计划或类似的文件并追踪实施效果。不良品情况及所采取的纠正措施，包括让步的批准文件，一并由品保部门负责保存。

2.6 安全管理

安全是无形的资产和财富。企业若想要变得更加优秀，在安全方面就要"管得起、理得顺、统人心、出效益"。尤其是在经济飞速发展的 21 世纪，企业管理者除做好日常安全管理工作以外，还要学习现代企业班组安全管理的理论和方法。

2.6.1 班组安全管理建设

安全不安全，班组是关键，班组安全管理工作做得好不好，班组长的作用至关重要。班组长的作用，将直接影响该班组是否能成为合格的精益一星班组。

1. 班组班前、班后会

合格的精益一星班组的班组长，应学会组织和主持班前会与班后会，并在会上强调安全管理的内容，具体内容如下。

（1）班前会。由班组长担任会议负责人与主持人，在班前会上，班组长必须明确工作任务、作业任务和实施方法，并根据作业类型、实施方法、人员、工具和环境等制定危险点预控措施。此外，班组长还要解答班组成员对工作的所有疑问，并按如下"六必讲"的要求做好班前会的准备工作。

①必讲上一班组的现场情况和存在的问题。

②必讲现场主要安全措施。

③必讲本班组具体明确的注意事项和处理方法。

④必讲本班组的主要安全责任和必须守住的安全环节。

⑤必讲操作注意事项。

⑥必讲有问题、有隐患的地点的作业人员必须注意的安全事项。

（2）班后会。班组长在本班组工作结束后，要及时针对本班组的工作完成情况以及设备运行情况做出正确评估；对工作中的违规行为要及时提出批评，必要时向上级领导提出处罚建议；对于本班组存在的不足要举一反三，制定有效整改措施并限期落实，以提醒本班组成员在以后的工作中避免同类情况发生；要强调下班途中的安全注意事项。

2. 班组安全生产综合管理

班组在计划、布置、检查、总结和评比生产活动的同时，应同样关注生产工作的安全，使安全工作贯穿于生产活动的全过程，具体措施如下。

（1）班组长在每日班前会上，应强调安全生产，提醒员工要注意的安全事项。支持和督促班组兼职安全员履行安全职责，确保安全生产。

（2）班组应认真做好新员工、变换工种人员、复工人员的安全教育工作，并协助企业搞好特种作业人员的安全教育工作。

（3）认真落实班组安全生产责任制，严格检查和记录班组内存在的各种不安全因素，积极主动地做好整改措施。

（4）班组每月应至少开展一次安全活动。

（5）进行危险作业前，必须按规定办理申报手续，经安全部门审批后方可作业。在作业过程中，应督促员工做好安全措施并指定专人监护。

（6）在生产过程中，要经常进行现场安全检查，发现违规行为应立即制止，并按有关规定对违规行为进行教育和登记。

（7）推广和运用现代安全管理方法，积极开展班组安全建设目标管理和安全生产标准化作业。

（8）班组内已发生的事故或未遂事故，应及时报告，按绝不放过的原则进行调查、分析和处理。

2.6.2　PPE配备标准与管理

安全管理离不开个人防护。班组对PPE（Personal Protective Equipment，个人防护用品）的管理历来是精益班组管理的重要组成部分。总体而言，班组PPE管理水平参差不齐，PPE 配备和使用不合格的现象依旧比较普遍。这说明，企业提升班组 PPE 管理水平的任务仍然艰巨。

许多企业的 PPE 配备及使用环节都存在许多问题，如不按标准数额配备，或只配备不使用等。其客观原因往往在于 PPE 种类太多，企业无法全面了解，或不熟悉产品标准、不知道如何配备等。面对实际情形，企业需要采用简便的方法，使班组能有效杜绝以上的情况，既能满足各项规定，有效控制职业危害，又能提高精益管理效率。企业可将 PPE 配备标准表格化，使其一目了然。

某企业 PPE 配备标准如表 2.6-1 所示。

表 2.6-1 某企业 PPE 配备标准

部门	工种	适用的 PPE 及发放数量	备注
一、二厂	压滤操作工	安全帽：按需配备 工作服：按企业工作服发放规定发放 防滑水鞋：每人一年发放两双 胶手套：每人每月发放三副 袖套：每人一年发放两副 雨衣：室外作业人员配备 草帽：室外作业人员配备 毛巾：每人一年发放两条	环保车间操作工同样适用
	投料操作工	安全帽：按需配备 工作服：按企业工作服发放规定发放 防滑水鞋：每人一年发放两双 胶手套：每人每月发放三副 袖套：每人一年发放两副 棉纱手套：每人每月发放两副 草帽：室外作业人员配备	
	调黏度操作工	安全帽：按需配备 工作服：按企业工作服发放规定发放 防滑水鞋：每人一年发放两双 胶手套：每人每月发放三副 袖套：每人一年发放两副 棉纱手套：每人每月发放两副 草帽：室外作业人员配备	
	打料及磨粉操作工	安全帽：按需配备 工作服：按企业工作服发放规定发放 胶手套：每人每月发放一副 棉纱手套：每人每月发放两副 防尘口罩：每人每天发放一只 防滑布鞋：每人一年发放两双	

（续表）

部门	工种	适用的PPE及发放数量	备注
一、二厂	装卸工	安全帽：按需配备 工作服：按企业工作服发放规定发放 胶手套：每人每月发放一副 棉纱手套：每人每月发放四副 防尘口罩：按需配备 防滑布鞋：每人一年发放两双 防滑水鞋：每人一年发放一双	
	维修工	安全帽：每人一顶 工作服：按企业工作服发放规定发放 焊工服：按需配备 防砸安全鞋：每人一年发放一双 防滑水鞋：每人每两年发放一双 棉纱手套：每人每月发放三副 袖套：每人每半年发放一副 焊工手套：按需配备 焊接护目镜：按需配备 防冲击眼镜：按需配备 安全带：按需配备 草帽：室外工作人员配备	

以表2.6-1为例，企业可根据自身情况对号入座，对PPE配备进行管理。

PPE的配备，除种类应齐全外，还必须做到有效预防。PPE的防护水平必须高于所防护的危害水平，这样才能预防职业病、降低事故发生的风险。

班组PPE应根据防护部位的不同进行分类，如安全帽、呼吸防护用品、防护鞋靴、防护服、防护手套等，分别保护不同的人体部位。其中，每个大类还可进行进一步的细分，以针对更具体的危害特点和危害水平。

呼吸防护用品分类如表2.6-2所示。

表2.6-2　呼吸防护用品分类

空气过滤式	供气式
半面型（随弃式或更换式）	长管供气型（半面式或全面式）
全面型	便携式气瓶型
电动送风型	

2.6.3　班组安全管理基础培训

班组安全管理基础培训是班组安全管理的重要组成部分，班组安全管理基础培训做得好，有助于生产管理、设备管理、现场管理水平的提升，从而推动一星班组进一步成长。

为此，企业必须培训出敢抓善管、技术过硬、重视安全的班组领导核心。班组长在负责班组的日常生产工作和行政工作时，必须对班组安全管理统一指挥、统一安排，成为安全生产的基层组织者和责任人。

1.　班组领导核心要求

企业在进行班组安全管理基础培训时，应要求班组长具有一定的组织领导能力、思想觉悟高、责任心强，关心并团结员工，还要有过硬的技术、强烈的安全意识，并且熟练掌握生产安全知识。

班组安全员是搞好班组安全工作的骨干力量，其责任是协助班组长搞好安全管理。在生产活动中，班组安全员要充分发挥发现隐患、报告险情、制止违规行为等方面的"哨兵"作用，履行报警职责。班组安全员需协助班组长做好班组安全管理基础培训工作，开展"查隐患、堵漏洞、保安全"的活动。

除此之外，班组安全员还需协助班组长做好员工的思想工作，防止员工出现不安全行为或因情绪波动、精力分散造成操作失误而导致事故的发生。

2.　安全生产奋斗目标

有目标才有方向。班组长应面向员工，提出实现安全生产的明确目标。例如，班组长可在班组内推行目标责任制，将责任落实到人时，要提出关于安全生产的要求，并按照"生产无隐患、个人无违章、班组无事故"的原则来要求员工执行。

3.　班组安全管理制度

制度是实践的科学总结，也是班组统一行动的准则。班组安全管理制度如图 2.6-1 所示。

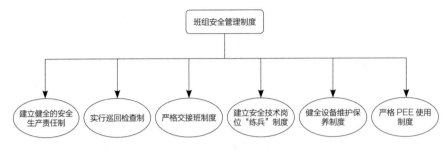

图 2.6-1 班组安全管理制度

班组安全管理制度的具体内容如下。

（1）建立健全的安全生产责任制。班组内的每个成员都应在各自职责范围内明确安全生产责任要求，推行安全操作责任制度和安全联保制度。

（2）实行巡回检查制。班组应规定员工在其岗位职责范围内，对生产设备的运转情况进行检查，并填写安全检查表。员工应对生产设备各系统进行定时、定点、定路线、定项目的巡回检查，及时发现异常情况，采取相应措施，防止事故发生。

（3）严格交接班制度。交接班人员必须面对面将生产、安全等情况交接清楚。班组长应要求不清楚就不交班、不接班，防止因交接班疏漏而危及生产安全。

（4）建立安全技术岗位"练兵"制度。开展安全技术岗位"练兵"是实现安全生产的重要手段。

（5）健全设备维护保养制度。设备安全、正常运转是生产安全的物质基础，因此，必须健全并严格执行设备的维护保养制度。

（6）严格 PEE 的使用制度。PEE 是保障员工安全与健康的辅助工具，班组要组织员工学习正确使用 PEE 的方法。PEE 穿戴不齐全、不正确的员工，不得上岗。

4. 开展经常性的安全管理基础培训

要想改变员工的安全工作状态，让员工的态度从被动解决事故，转变为主动预测事故的发生，就必须重视生产一线员工的安全素质的培养，使员工在思想上和技术上都能够适应安全生产的要求。为达成目标，班组要配合有关部门做好员工的思想工作，提高员工遵章守纪的自觉性。

同时，班组内部还要有针对性地开展安全技术培训，逐步实现全员培训，做到岗位操作正确、熟练，安全基础知识人人掌握，安全管理制度人人了解，全员能熟练地辨别异常情况，及时排除生产故障。

2.6.4　班前安全生产准备确认

班组为把安全生产理念真正从口头落实到行动上，应严格把守安全源头关卡，做好班前安全生产准备确认工作。

以某煤矿企业为例，班前安全生产准备确认工作包括以下内容。

1. 班前安全生产隐患确认

为保证员工在作业时的人身安全，在作业之前，要做好班前安全生产隐患确认工作，具体内容如下。

（1）班前安全生产隐患确认有 3 个阶段：班前会、作业前、每道作业程序开始前。

（2）由班组长带领班组成员召开班前会，确认员工无饮酒、无疲劳、无疾病等症状，如此才可入井作业。

（3）作业前由瓦斯员、班组长、安全员对工作地点进行全面安全检查，确认安全后上报调度室，经批准后方可组织作业，具体排查内容如下。

①采煤工作面、上下端头、超前支护是否到位，有无失效支护。

②掘进工作面支护及临时超前支护是否到位，有无失效支护。

③安全出口是否畅通、是否符合企业规程要求。

④通风系统是否可靠，风量是否满足企业规程要求，有无漏风现象。

⑤瓦斯浓度是否在企业规程规定的范围内，检测装置是否完好、到位。

⑥综合防尘装置是否可靠。

⑦消防设施、设备是否完好。

⑧信号、通信装置是否灵敏、可靠。

⑨机电设备保护是否有效，设备运行是否正常。

⑩影响安全生产的其他安全隐患。

（4）在每道作业程序开始前，操作者须对作业现场进行全面安全检查，只有在消除安全隐患后，方可按程序进行操作。

（5）对照检查内容认真填写安全确认卡，每班下班后由安全员交回项目部门安全科，安全科每月月底汇总，并交档案室保存。

2. 班前安全生产隐患排查治理闭合管理

该煤矿企业结合安全生产的实际情况，按照管生产必须管安全、谁分管谁负责、和谁包队谁负责的原则，特制定了相关管理制度，具体内容如下。

（1）该企业安全生产隐患排查整改工作实行矿长领导下的分工责任制。安全科负责对各专业隐患排查组织和整改情况进行监督，对隐患排查工作组织不力、整改效果差的班组，给予经济处罚和责任追究。

（2）安全生产隐患是指矿井上、下的生产现场、系统、生产工艺、技术管理、自然环境、设备设施存在的可能导致安全事故的问题。

（3）为便于安全生产隐患跟踪管理，班组对其进行了分类。

①按危害程度安全生产隐患可分为重大隐患和一般隐患。

②按安全生产的类别可分为一通三防、机电运输、水灾、地测、顶板和其他隐患。

（4）发现安全生产隐患的渠道主要有以下几种。

①班组进行的各类检查。

②领导下井检查，企业总工、安全、技术、机电、调度中心等部门进行的安全检查。

③如部门领导下井检查，班组领导值班、跟班下井安全隐患汇报，矿各类安全检查，矿各类安全专项验收和检查，矿群监员、一线监督员安全检查，其他人员反映的隐患。

（5）安全科、项目部门接到隐患通知后，及时制定整改方案，下发隐患整改落实表到各班组。

（6）安全科派专人复查所有隐患，班组确认合格者，签字销号并建档。

（7）每月 13、27 日，班组将隐患排查情况汇报上级部门。每月底将隐患排查销号情况汇总，并交档案室保管。

（8）班组间组织反思和解决安全隐患识别竞赛中发现的问题。

作为极易出现安全生产隐患的煤矿企业，其制定的班前安全生产准备确认制度是较为严格且完善的。各企业可借鉴其制度，改善自身班前安全生产准备确认制度。

2.7　一元改善管理及实施

在企业中，如果大多数班组都能真正达到精益一星班组的标准，这个企业必然会具备欣欣向荣、兴旺发展的活力，否则只会死气沉沉、人心涣散。为此，实施一元改善等方案就显得尤为重要。

2.7.1　一元改善方案

一元改善方案是指每次只针对单个主题进行集中改善的方案。一元改善主要体现为对微小问题进行改善，一元是指小投入、小收益。由于精益一星班组建设属于班组精益基础建设，一元改善方案就成了重要的建设途径。

1．一元改善方案的作用

企业在班组管理中，积极实施一元改善方案，能起到改善班组生产状况、改善生产环境、维持物料进出流程、维持设备保养制度、改善生产流程、提高班组员工生产积极性和提升班组管理水平等作用。

通过一元改善方案的规划和落地，能实现三定原则的准确运用，即管理权责"三定"（定岗、定员、定责），物料管理"三定"（定置、定容、定量），专项管理"三定"（定整改措施、定完成时间、定整改负责人）。同时，一元改善方案还需要做到落实 6S 检查，做到正确运用看板，以及进一步完善班组管理制度并监督该制度的执行。

2. 一元改善方案的实施步骤

一元改善方案的实施包括以下 3 步。

（1）第一步是实施一元改善方案的开始步骤，将决定改善基础如何。

①班组应利用三定原则，落实 6S 检查，正确运用看板，进一步完善班组管理制度并监督该制度的执行。班组应将这 4 项列为实施细则，每一项每日由专人检查，若每次检查不合格，相关责任人应缴纳相应罚款。

②当周违反方案原则累计超过数额的，当班主管应缴纳一定的罚款。

③一元改善方案刚开始实施时，班组每天要检讨一次。

（2）第二步，维持方案进行，主要内容包括以下 2 点。

①坚持每日检查，当班组有改善后每周至少检讨一次。

②当班组有明显改善后，每月检讨一次。

（3）第三步，持续改善方案，主要内容包括以下 2 点。

①班组长应将各项细则不断修改至合理化，例如机台保养项目过多，可分为日班保养和夜班保养相结合，日保养和周保养相结合等。

②班组长应改善作业流程。班组长改善报告模板如表 2.7-1 所示。

表 2.7-1 班组长改善报告模板

改善项目		改善人员			
工序（区域）		完成日期			
改善前		改善中		改善后	
问题总结：			改善对策：		
投入成本：			改善效果：		

由班组长填写好改善报告后，上报部门、企业管理层，以便上级领导了解一元改善方案的实施进度。

值得一提的是，在一元改善方案的实施过程中，所扣款项可用于奖励做得好的班组成员，以此提升员工的工作积极性。当此方案实施一段时间，班组有明显改善后，可由企业拨给班组、部门一定的专项奖金，用于推动方案更快、更好落地。

2.7.2　日计划排程

在一星班组的生产管理中，企业难免会碰到各种管理难题。例如，班组一旦不能根据实际情况快速领料，就会导致领料人员工作量大，从而降低生产效率。又如，从班组到部门的每日生产情况，基本都是采用 Excel 表格手动收集的，相关责任人无法快速有效地了解生产任务的完成情况。

为此，企业要针对生产班组制定并实施日计划排程。

1.　管理不足导致的问题

在生产中，企业如果对班组生产的日计划排程管理不足，会导致以下问题。

（1）班组片面追求产值最大化，大批量、连续性生产，导致部门难以对其进行管控。

（2）半成品库存增大甚至积压。

（3）订单紧急需要的产品没有生产。

（4）生产线不齐全，经常装配到一半紧急换生产线，订单准交率低。

这些问题看似是小事，但会导致企业的订单准交率降低、库存成本增加，不利于企业良好发展。

2.　日计划排程的依据

班组在制定日计划排程时，可将以下内容作为排程依据。

（1）生产现场是否要启用期排程，例如周生产计划、旬生产计划等。

（2）每日最多有几个班次，如白班、夜班等。通常情况下，二十四小时内每班组最多支持 3 个班次。

（3）班组每日生产计划的分配。班组每日生产计划分配表如表2.7-2所示。

表2.7-2　班组每日生产计划分配表

产品名称	时间	计划量/件	生产设备	领料/件	操作员工	实际生产量/件
A	上午8点至12点	200	1号机	200	a	

班组可将一日按照班次分为多个时间段，并进行计划分配。

（4）设置期排程长度，如每次排程，都可排4周计划。

（5）设置日排程长度，如每次实施日计划排程时，要排30天日计划。

（6）设置排程产能，如根据生产现场的标准产能进行。此外，也应考虑加班情形，即最大产能，用于计划产能负荷的计算。

3. 日计划排程的实施细节

班组推进实施日计划排程时，还需考虑以下细节。

（1）设置好每个班次的标准产能和最大产能。

（2）是否纳入当天产量。生产现场的晚班班次一般都会跨天，班组应准确设置晚班的产量归属日。

（3）维护好生产资源。生产资源包括班组成员、生产设备、原材料、时间等。

（4）对于一些特殊产品或特殊工艺，班组需要将多种资源合并起来用于生产。如某生产现场的装配班组有若干组装小组，每组3个人，但个别特殊产品装配时需要6个人，这就需要临时合并2个组来进行装配。

（5）实施日计划排程时，班组应切实维护每个班次计划的每日标准产能，也可以适当批量增加产能。

（6）实施日计划排程时，应维护好资源或资源组，以便实施新的日计划排程时使用。

（7）设置齐套关键料，在实施新的日计划排程时用于齐套分析。

（8）设置期计划，作为期排程的筛选条件。

（9）制定日计划排程推进计划表，通过表格就能了解到日计划排程实施情况。日计划排程推进计划表如表 2.7-3 所示。

表 2.7-3　日计划排程推进计划表

实施项目	日程 ××月××日	对接人员	结果	备注
现场调研				
交接班前确认数据整理				
交接班前确认标准沟通、优化				
交接班前生产确认标准培训				
标准执行及辅导				
验收评价				
总结发表				
持续运营				
符号说明：完成"√"　未完成"×"　延迟"-"				

班组应按照表格填写内容，以便及时了解到日计划排程的实施情况。

（10）由班组长发放派工单，派工单模板如表 2.7-4 所示。

表 2.7-4　派工单模板

日期：		产品：		班组长：	
订单号	产品型号	物料编码	生产数量	工序名称	生产员工

（11）每日生产计划完成后，由生产班组的员工填写生产日报表，生产日报表模板如表 2.7-5 所示。

表2.7-5　生产日报表模板

日期：			产品型号：		核对人：		
订单号	产品名称	物料编码	工序名称	合格数量	报废数量	报告员工
订单是否完成：							

第 3 章

二星班组：
技能训练，夯实全员改善基础

　　二星班组是一星班组的进阶目标。班组进入这一阶段后，将着力训练员工的技能，这样不仅能提高生产效率，也能夯实全员改善基础，为进入下一阶段创造条件。

3.1 二星班组多能工管理

随着企业不断发展壮大，大部分企业都会面临这类问题，即各工种之间的边界越来越模糊。由于同一生产任务需要多个工种之间的相互配合、部门之间的相互支援，原有的单一人员结构模式，已无法再适应企业的生产需求，甚至无法适应班组的生产需求。

与此同时，按区域进行生产作业的模式也会限制班组生产效率的进一步提高，因此，各工种及各区域间如何相互配合成为精益二星班组建设中必须解决的问题。

3.1.1 班组园地建设

班组建设是企业管理的根基，是企业文化落地、员工队伍塑造、战略执行的基础，也是精益一星班组升级到二星的关键。班组园地建设作为班组建设的重要环节，在增强班组自主管理能力和提高员工素质等方面，也起着积极的推动作用。

1. 班组园地建设的意义与作用

班组园地建设是班组建设的组成部分，能反映班组整体素质和精神面貌。打造好班组园地，能帮助班组成员了解班组、生产现场以及企业的重大改善事项和当前的工作要求等。

对企业来说，班组园地建设有着重要作用，如图 3.1-1 所示。

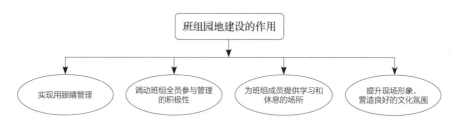

图 3.1-1 班组园地建设的作用

（1）班组园地建设能实现用眼睛管理。班组园地建设完善后，班组管理的记录内容都体现在看板上，任何人都能通过看板直观地看到班组管理的内容，了解该班组的管理水平，真正实现用眼睛管理。

（2）班组园地建设能调动班组全员参与管理的积极性。班组园地把班组管理内容明示，使班组管理变得透明，班组工作人人都可以监督，全员参与管理的积极性得到提升。

（3）班组园地建设能为班组成员提供学习和休息的场所。班组园地建设通过对班组硬件设施的投入，如休息座椅、办公桌等，改善班组成员的学习和休息环境。这样就能确保员工在紧张工作之余，充分享受班组的温馨，从而提高班组的凝聚力。

（4）班组园地建设能提升现场形象，营造良好的文化氛围。班组园地作为班组成员学习、休息的场所，通过办公电脑使信息交流渠道变得畅通，通过目视化管理提升现场形象、营造文化氛围，可以起到班组文化站的作用，也是企业文化建设的组成部分。

2. 班组园地看板的各项内容

在班组园地看板上，每张表格、每张图片都体现着班组管理的足迹。但面对看板上的一系列内容，班组的新员工难免会出现"这张图是什么意思？""那张表怎么填？"等困惑。此时，班组长应对看板内容进行逐一分析，指导新员工的工作。班组园地看板内容如下。

（1）人员结构表。人员结构表主要反映班组的人员结构情况，包括班组长介绍、各类技能等级人员分布、男女人数分布等内容，使员工通过此表能清楚知道班组的人员结构情况。

（2）绩效管理表。绩效管理表主要体现班组每月绩效考评情况，表的上半部分为班组每人每天扣分情况，下半部分是扣分原因和依据的条款，并由当事人签字确认，确保班组绩效考评体系的透明和公正。

（3）员工风采展示板块。员工风采展示板块主要展示班组集体或员工个人的风采，通过风采展示，树立榜样，体现班组积极向上的精神面貌。

（4）指标分解表。通常而言，指标分解表的横坐标是时间，即1~12月，纵坐标为关键指标，如安全事故率、隐患整改率、交检合格率、生产完成率等。

（5）生产质量动态表。生产质量动态表主要统计当班生产的所有产品品种、数量、合格和不合格件数，使任何人都能通过该表直观地了解当班的生产情况。

（6）6S管理基准图。6S管理基准图主要为该班组现场6S管理的标准，形式为各项目配以图片和文字描述，用来规范班组的6S管理模式。

（7）设备故障时间统计表。横坐标为日期，纵坐标为设备名称、型号、停歇台时，用来统计因设备故障影响当班生产的时间。

（8）隐患指摘报表。该表用于记录每天现场检查员工操作过程中发现的安全、质量隐患，下半部分为每日检查的情况，上半部分为全月累积统计数据。

（9）活动开展情况板块。顾名思义，该板块主要统计班组内部开展的各类活动，如安全活动、质量活动以及问题学习活动等，并配以图片和文字说明。

（10）改善案例板块。改善案例不仅指创新、质量控制等大项目，那些发生在现场的很小的细节改进，同样是改善。如电线乱了，制作了一个线卡对电线进行整理，也属于改善案例，可以登上班组园地看板。

（11）其他。此板块内容不限，可根据自身情况而定。可以是近期的班组文化案例、理念、班组动态等内容。

3. 推进班组园地建设

新益为根据大部分企业在班组园地建设过程中遇到的问题，提出了以下建议。

（1）企业领导及班组长要树立正确的态度，发挥带头作用。

（2）各班组要尽快利用起班组园地，让班组园地"活"起来，形成具有吸引力的内容体系。

（3）班组要建立相应的制度予以保障，同时要定期对园地进行检查，确保制度规定得到认真落实。

（4）要大力营造办好精班组园地的氛围。

班组园地建议不是某一个人的事情，需要全体班组成员共同参与。只要企业上下团结一致、共同努力，班组园地就能发挥其重要作用，班组管理水平也将不断提升。

3.1.2 员工技能管理

做好班组成员技能管理工作，能加强企业的人才队伍建设，便于搭建员工成长平台，拓宽员工职业发展通道。班组如果做好了培养人才、用好人才、留住人才 3 项工作，可以提高自身核心竞争力。

以某企业的员工技能管理体系为例，员工技能管理的重点如下。

1. 成立员工技能提升领导小组

对员工技能进行管理，需成立员工技能提升领导小组，小组成员如下。

（1）组长，由企业董事长或总经理担任。

（2）副组长，由企业领导或其他领导班子成员担任。

（3）成员，由企业各部门负责人担任。

员工技能提升领导小组负责组织开展员工技能提升办法的宣讲、落实、考核、鉴定等工作，组织研究并解决实施过程中出现的问题和办法的修订。员工技能提升领导小组下设办公室在企业人力资源部，负责日常事务，人力资源部经理任办公室主任。

2. 技能认证分级

对班组成员技能的认证分级涉及两个方面：通识知识与专业知识，具体内容如下。

（1）一级认证内容。其中，通识知识分为安全生产技能、质量控制技能及规章制度掌握技能，安全生产技能的认证内容如下。

①PEE 穿戴（检查）。

②安全操作规程执行（实操）。

③安全知识（考试）。

质量控制技能的认证内容如下。

质量意识（考试）。

规章制度掌握技能的认证内容如下。

①临时工作完成情况（检查）。

②规章制度（考试）。

③考勤制度执行情况（检查）。

专业知识则分为基础知识掌握技能、标准化操作技能、质量与工艺控制技能。其中，基础知识掌握技能的认证内容如下。

①压铸机基本结构和保养要求（考试）。

②压铸工艺基础知识（考试）。

③模具基本结构与保养要求（考试）。

标准化操作技能的认证内容如下。

①设备日常保养执行情况（实操）。

②标准化换模执行情况（实操）。

③操作熟练度（以单位循环时间进行测评）。

质量与工艺控制技能的认证内容主要是三检制度执行情况（检查）。

（2）二级认证内容。相较于一级认证内容，二级认证内容层次更深，同样涉及通识知识与专业知识。通识知识的认证内容如下。

①危险源排查（检查）。

②设备保养维护（实操）。

③工作态度（检查）。

专业知识分为压铸基础知识掌握技能、过程质量控制技能以及问题解决技能。其中，压铸基础知识掌握技能的认证内容如下。

①压铸机各部件工作原理（考试）。

②标准化操作技能（实操）。

过程质量控制技能的认证内容如下。

①型芯图纸识别（实操）。

②游标卡尺使用（实操）。

③缺陷识别（边界样本识别）。

问题解决技能的认证内容如下。

①查明抽芯器故障原因（实操）。

②自行拆装模具并更换型芯（实操）。

（3）三级认证内容。通识知识的认证内容如下。

①危险源改善（实操）。

②设备保养维护（实操）。

③工作协调、互助（检查）。

专业知识分为压铸知识掌握技能、过程质量控制技能及问题解决技能。压铸知识掌握技能的认证内容如下。

①压铸机各部件工作原理（考试）。

②标准化操作技能（实操）。

过程质量控制技能的认证内容如下。

①质量与工艺控制技能（实操）。

②平面图纸识别（实操）。

③量具使用（实操）。

④缺陷识别（边界样本识别）（实操）。

问题解决技能的认证内容如下。

①查明点油机故障原因（实操）。

②自行拆装模具并更换顶杆（实操）。

③喷雾机故障排查（实操）。

④维修模具拉伤（实操）。

⑤处理冷却水漏水（实操）。

（4）四级认证内容。通识知识的认证内容如下。

①团队领导和组织，可以带领团队参加活动。

②个人带领团队在各项技能比赛中获得过前 3 以上的成绩。

专业知识的认证内容如下。

① CAD 或 3D 制图（实操）。

②熟练操作办公软件（实操）。

③工艺参数的设置和调试（实操）。

3. 与认证相关的奖惩

认证要求所有员工必须参加。第一次通过时要对员工进行奖励，同时企业要定期组织评审，不通过者将会降级，薪资也会下降。

对于通过认证的员工，班组可在其原有薪资的基础上帮助其申请涨薪，涨薪幅度同样按照认证等级分为 4 个档次，如一级涨薪 200 元，二级涨薪 400 元，依次类推。

各企业可参考此案例，创建或改善本企业班组员工技能的管理体系。

3.1.3　多能工管理体系

多能工管理体系在精益二星班组管理中有重要的价值。以某电子企业为例，为解决柔性生产线人员管理、淡旺季产能相差较大等问题，也为快速满足市场需求、减少新员工培养成本、提升新生产线产品质量，该企业实行了多能工管理体系。该企业利用一年时间，在精益二星班组中共培养 100 名多能工，取得了良好效益。

多能工管理体系的具体建设内容如下。

1. 多能工的培养方法

利用每条生产线各岗位操作人员的定位，培养多能工。以该企业某班组为例，每天、每条生产线的操作人员必须抽出两个小时的时间进行顶岗，以此促使接受多能工训练的员工进行关键岗位的学习。具体做法如下。

（1）参与多能工关键岗位训练的工位有 5 种，分别为插件、执锡、在线测试、功能测试和总检。其中，执锡、在线测试、功能测试、总检为必会项目，插件为必学项目。

（2）培养多能工时，由其他员工顶替多能工的作业工位，由班组长安排的导师按 4 步教导法向多能工讲解特定的操作方法。

例如，插件工的培养方法如下。

①导师按工作分解表，向多能工讲解具体操作方法。

工作分解表如表 3.1-1 所示。

表 3.1-1　工作分解表

工位：插件	
步骤	要点
1. 取件	
2. 插件	

插件工作要点由导师或班组长填写。

②导师示范每一个操作步骤给多能工看。

③由多能工实际操作，导师在一旁观察并指导。

④正式上线操作时，导师可分解部分关键岗位的操作内容让多能工完成。

（3）执锡工的培养。首先由导师教会多能工如何分辨不良焊点，随后多能工到执锡工位进行操作。当多能工正式上线操作时，选择一名导师对其进行培训，具体内容如下。

①先让其学习不良焊点的判定，多能工发现的不良焊点可用不良标签标出。

②导师对多能工的作业进行检验，若发现其还有未察觉到的不良焊点时，及时予以纠正。

③当多能工辨别不良焊点的能力达标后，再让其学习执锡。

④以上两种分解动作达标后，再让多能工进行综合作业。

（4）在线测试岗位。在进行在线测试多能工上线操作培养时，班组同样要选择一名导师。为了不影响生产线的正常生产，可先让多能工学习在线测试的步骤与过程，导师在旁边进行动作的指导和不良焊点的挑选指导。待其动作和时间达标后，导师可再对其进行相关测试，由多能工进行不良焊点的挑选。最后，在其不良焊点的挑选能力也达标后，再进行综合训练，直至整套动作均可在规定的时间内完成并符合质量要求。

（5）功能测试岗位分为显示板功能测试和主板功能测试岗位。显示板功能测试岗位的多能工训练，应按同样的方式，选择一名导师，对多能工进行培训，具体内容如下。

①安排多能工练习左右手配合的拔、插排线动作，直至达标。

②安排多能工训练盖批号章的动作，直至熟练。

③由多能工进行按键测试的动作训练，直至通过。

如果是主板功能测试岗位的多能工训练，在多能工进行最后一步上线操作时，同样需指定一名导师教多能工利用每条主板生产线上多余的一台功能测试机进行测试操作。测试中，多能工学习使用不同的记号，由导师负责指导其完成产品的全检，直至动作完全达标。

（6）总检。总检工作步骤分解如图3.1-2所示。

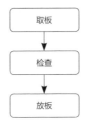

图3.1-2 总检工作步骤分解

总检岗位的多能工进行实操训练时，可让总检线上原有的技术成熟的员工担任导师，负责指导多能工学习及成长。

2. 多能工的考核及奖惩

多能工的考核，可由企业定期进行，以考核多能工是否熟练掌握所学的岗位技能。考核通过后，企业可对班组或员工适当予以现金奖励；考核不通过，企业则对班组或员工进行口头处罚或罚款处理。

需要注意的是，如果有员工以多能工训练为由而逃避工作，班组应将其姓名列在班组看板上进行通报批评，让其他员工引以为戒。

3.1.4 精益二星班组评价

创建并执行精益二星班组评价制度，可让班组全面贯彻落实企业精益工作部署，扎实推进精益生产和精益管理工作的开展，从而让企业更好地开展星级班组建设活动。

1. 精益二星班组的总体目标

精益二星班组的总体目标为实现 4 个提升及五化。精益二星班组的 4 个提升如图 3.1-3 所示。

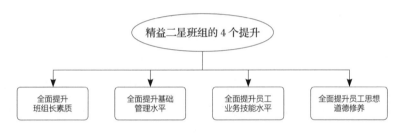

图 3.1-3　精益二星班组的 4 个提升

通过 4 个提升，企业可使精益星级班组水平达到二星水平。

精益二星班组的另一个总体目标是实现五化。精益二星班组的五化如图 3.1-4 所示。

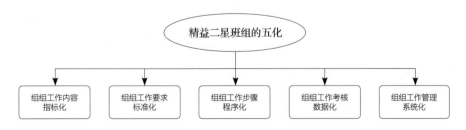

图 3.1-4　精益二星班组的五化

通过实现 4 个提升和五化，企业很可能打造出精益二星班组，使班组朝着技能型、创新型、质量型、效益型、和谐型良性发展。

2. 精益二星班组的评价内容

企业在推进精益二星班组评价时，主要从以下6个方面着手。

（1）班组基础管理。企业应考察班组是否围绕严格落实岗位责任制，完善班组组织架构。企业可通过评价标准，要求每个班组按照"两长三员"的组织架构进行配置，即班组长、工会小组长、现场管理员、安全管理员、质量管理员。在评价中，企业应重点考察班组是否定期召开班组会议，针对遇到的问题进行讨论、沟通，并寻求解决办法，是否按照班组问题处理流程解决问题。

（2）班组健康安全环保管理。企业应考察班组是否坚持以人为本，关爱员工生命，结合企业和岗位的特点，以本质安全为切入点，大力开展班组健康、安全、环保宣传教育活动，增强员工的健康、安全、环保意识。

（3）班组质量管理。评价内容包括班组是否树立不接受缺陷、不制造缺陷、不传递缺陷的质量管理理念，是否系统推进全员参与、全过程控制、QC活动、综合运用各种方法的全面质量管理。

（4）班组标准化作业管理。班组用于评价的标准化作业为"三件套"，包括作业指导书，主要用于确定标准作业顺序文件；工作要素表，用于明确作业过程中的注意事项，如质量、使用的工具等。

（5）班组TPM管理。TPM是指以提高设备综合效率为目标，通过与精益二星班组评价相结合，对设备源头问题进行改善，以建立全员参与的设备预防性维护体系。

（6）班组合理化建议。合理化建议是一种群众性参与管理的活动，对企业管理水平和经营业绩的持续改进非常有效。合理化建议涉及生产管理的方方面面，如产品质量改进方面的建议，减少能源、原材料浪费方面的建议。通过评价班组合理化建议水平，企业能考察其是否达到二星水平。

3. 精益二星班组的考核评价

企业在对精益二星班组进行考核评价时，应由职能部门制定创建星级精益班组的指导方案及考核标准，通过量化指标，确保考核评价更容易操作。考核项目如下。

（1）人员管理，由人力资源部制定。

（2）生产安全、6S 管理，由生产安全部制定。

（3）班组运行，由精益改革部制定。

（4）质量管理，由质量部制定。

（5）成本管理，由财务部制定，

（6）设备管理，由设备管理部制定。

（7）民主管理，由班组工会制定。

精益二星班组考核项目如表 3.1-2 所示。

表 3.1-2　精益二星班组考核项目

考核项目	权重 /%	备注
人力管理	15	
生产安全、6S 管理	15	
班组运行	15	
质量管理	15	
成本管理	15	
设备管理	15	
民主管理	10	
合计	100	

同时，每年年底，企业应根据每季度考核情况，评选精益星级班组。对于未达到星级标准的班组，企业应针对其存在问题成立专项改善小组，帮助无星级班组改善提升。

3.2　现场设备管理与物料管理

设备与物料是企业生产力的重要组成部分和基本要素之一，是企业从事生产经营的重要工具和手段，也是企业生存与发展的重要财富。班组管好、用好生产设备，提高设备与物料管理水平，对促进企业进步与发展有着十分重要的意义。

3.2.1　现场设备管理

现场设备管理以设备为研究对象。在班组的设备综合管理与改善中，为追求更高的设备综合效率，班组需应用对应的理论和方法，通过一系列技术、经济、组织方面的改善措施，对设备物质运动和价值运动进行全过程的科学型管理。

1. 现场设备管理的作用

现场设备管理是对设备寿命周期全过程的管理，包括选择设备、正确使用设备、维护修理设备以及更新改造设备等环节。

二星班组开展现场设备管理的作用如下。

（1）做好现场设备管理工作是班组生产活动顺利进行的保证。现场设备管理的主要任务是为班组提供优良而又经济的技术装备，使班组的生产经营活动建立在最佳的物质技术基础之上。

（2）做好现场设备管理工作是班组提高效益的基础。要想提高产品质量、增加产量，设备是重要的影响因素。提高劳动生产率的关键也在于提高设备的生产效率。因此，减少消耗、降低生产成本，成为现场设备管理的主要目标。

2. 现场设备管理的基础工作内容

现场设备管理包括 5 点基础工作内容，如图 3.2-1 所示。

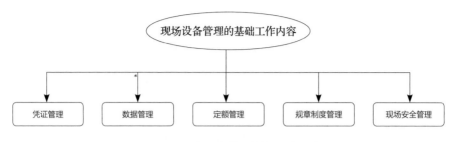

图 3.2-1 现场设备管理的基础工作内容

（1）凭证管理。凭证管理指在设备的技术管理和经济管理过程中，用于记录设备的经济和技术管理活动，并明确各方责任的书面证明。

（2）数据管理。数据管理指通过对数据进行收集、处理、加工和解释，使其成为对管理决策有用的信息。

（3）定额管理。企业定额是产品生产过程中消耗的一种数量标准，是指在一定时期内和一定生产技术条件下，为完成单位合格产品或任务所规定的物化劳动和活劳动的消耗量。

（4）规章制度管理。设备管理制度是指导、检查有关设备管理工作的各种规定，包括该设备管理、使用、修理等各项工作实施的依据与检查的标准。

（5）现场安全管理。加强现场安全管理，继续突出重点，加强对重大危险源、危险品、要害部门及交通运输的安全防范，实时监控、消除隐患，确保不发生事故。同时加强各岗位工种事故预防预案的贯彻学习，做到熟记掌握、应对自如。

3. 设备的正确使用、维护保养和改善检查

在现场设备管理中，要做到正确使用设备，需注意以下 4 点。

（1）规定合理使用设备的某些纪律。

（2）建立健全岗位责任制。

（3）建立设备维护责任制。

（4）开展设备正确使用的竞赛活动。

维护保养一般分为 3 类保养，分别为日常保养、一级保养、二级保养。

改善检查一般分为 4 类检查，分别为每日检查、定期检查、功能检查、精度

检查。设备日常点检表（操作者）如表3.2-1所示。

表3.2-1 设备日常点检表（操作者）

车间：	设备名称：	生产线：	设备编号：	
操作者：	点检项目	点检基准	点检方法	点检频次
点检部位图解				
点检时间：		审批人员：		

3.2.2 现场物料管理

对现场物料管理进行完善，可以控制班组的生产成本，减少损失，实现生产物料利益最大化，提高企业整体经济效益。

现场物料管理的范围包括班组生产过程所需的所有原材料、半成品、退货产品等。

1. 现场物料管理中各部门的职责

物料是企业为维持和满足各正常运营需要，在生产过程中直接或间接消耗的物资、物品和包装材料以及其他消耗品的统称。在现场物料管理中，企业不能只将责任落实到班组本身，而是要实现各部门联动，共同提升管理水平。其中，各部门职责如下。

（1）生产部。生产原辅料需求计划、物料使用、产品生产。

（2）质量部。物料质量监控、产品质量监控。

（3）仓储部。物料库存信息记录、物料保管、物料出入库管理。

（4）财务部。物料预算、成本控制。

2. 现场物料管理的内容

在现场物料管理中，物料领用是必须规范的环节。物料领用流程如图 3.2-2
所示。

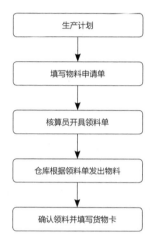

图 3.2-2　物料领用流程

（1）物料领用管理细节。领料是现场物料管理中最容易发生混乱的环节之一，
为此，企业必须摒弃过去的做法，改为以下流程。

①车间或班组领料人必须根据第二天生产计划量和现有的库存量，确定物料名
称、规格、数量后正确填写物料申请单。

②领料人必须提前一天填写物料申请单。

③仓库管理员凭由车间或班组负责人或统计员签发的领料单发放物料，仓库管
理员和领料人均须在领料单上签名。

④领料原则以一天或每一次的用量为限。用完后再领，不可一次领料过多，以
免造成浪费或退料。

（2）物料存放管理细节如下。

①物料的存储管理，是以物品的属性、特点和用途来规划设置仓库。

②物料的堆放原则是在堆放合理、安全可靠的前提下，根据物料的特点，做到查点方便、成行成列、排列整齐。

③仓库管理员应按规定对储存物料进行盘点，要求账、物、卡一致，如有不符，应仔细查找原因。对于临近复检期的物料，仓库管理员应及时申请复检。

④对于有特殊储存条件的物料，应划分独立区域和设定符合物料特性的储存条件，并定期记录检测数据。

（3）物料使用管理细节将决定物料的使用效率。对这一环节加以改善，能消除各班组的物料浪费现象，具体改善措施如下。

①车间内原辅料使用前各工序操作人员均须核对名称、规格、批号、数量、检验合格证，确认符合要求后，方可按批备料，并填写称料记录，称料人、复核人均须签名。

②班组在使用包装材料时，必须严格检查包装材料的外观质量，发现存在印刷不清、字迹模糊、有污迹、破损等质量问题的包装材料，必须将其挑出并集中放置，按不合格物料规定办理退库。

（4）物料交接管理细节如下。

①物料交接应遵循先进先出原则。

②物料经检验合格后方可向下道工序移交。

③领料人检查无误后，在交接记录表上签字。

④物料交接后，及时做好记录。

（5）领用物料后，若发现物料有质量问题，需进行物料退库处理。物料退库流程如图3.2-3所示。

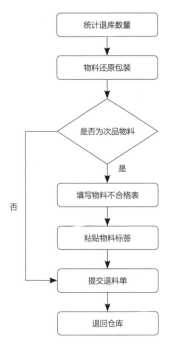

图 3.2-3 物料退库流程

企业应要求二星班组根据上述流程制定每一步的具体制度，以规范物料退库流程。

3.3 关键质量控制措施

关键质量是指在生产过程中，原料、零部件、设备可能对最终产品的主要功能、安全性、可靠性或成本造成显著影响的特征。企业通过对生产过程中的关键质量进行控制，能显著提高产品的合格率。

3.3.1 数据管理

数据是关键质量水平的直观体现，班组做好数据的收集、分析与运用管理工

作，有利于企业对自身发展状况、未来管理策略等形成更清晰的认知，

1. 数据管理的内容与办法

数据管理的内容与办法具体如下。

（1）各班组应根据企业的主要经济指标对照表，对数据进行收集、汇总，并填写企业主要经济指标上报表。数据包括各类经济指标、管理指标、质量指标、教育培训指标、财务指标数据等。

（2）各班组对数据进行初步筛选、分析，得到有效数据。

（3）相关部门、班组应通过类比、数据统计等方法对数据进行分析，得出数据分析报告并上报企业。

（4）各部门经理应对班组提交的分析报告进行审核。

（5）部门级指标应该由部门自行保存，企业级指标应上报质量部。

（6）企业质量部应汇总各部门上报的各类指标。

（7）质量部负责监控各类指标完成情况并做趋势分析，如监控到有未完成的指标，应要求相关责任部门对未达成的原因进行分析。

（8）企业总经理对质量部上报的各类班组指标进行审批，对有异议的指标要求质量部再次进行分析。

（9）目标指标的达成涉及两方面内容。一方面是当重要指标有偏差或指标趋势呈不正常状态分布时，应召开管理评审会议或其他应急会议；另一方面是部门指标由部门进行判断。

（10）班组未达成目标指标时，要进行原因分析，其中包括两方面内容。一方面是指标归口质量部对未达成的指标制定纠正措施；另一方面是部门级指标未达成的由部门制定纠正措施。

（11）企业应根据上一年或上半年的指标完成情况，制定和分配下一年或下半年的班组目标指标，并督促班组实施。

2. 各类数据报表

数据管理中需要用到的主要数据报表有 4 种，即生产管理报表、质量管理报

表、成本管理报表及设备管理报表。

生产管理报表如表 3.3-1 所示。

表 3.3-1　生产管理报表

班组 / 工序：				日期：	
产品型号	计划数	一次合格数	实际完成数	不良数	记录人

此表由班组现场的管理人员填写，上报相关部门。

质量管理报表如表 3.3-2 所示。

表 3.3-2　质量管理报表

产品类型	目标正品率	综合正品率	不达标产品原因分析	责任部门跟进	备注

此表由 QC 岗位的员工填写，上报质量部。

成本管理报表如表 3.3-3 所示。

表 3.3-3 成本管理报表

项目		部门： 月份：
管理费用		
销售费用		

此表由各部门负责人汇总班组数据后填写，上报质量部。

设备管理报表如表 3.3-4 所示。

表 3.3-4 设备管理报表

设备名称		设备来源		设备编码	
型号规格		检查日期		检查地点	
检查人员					
设备外观及 技术状况					

此表由各班组长填写，上报相关部门，汇总后上报质量部。

3.3.2 标准作业

标准作业是指在循环时间内，以有效的作业顺序，在同一条件下反复进行的作业。标准作业对员工在人机作业中的工作顺序进行标准化，以达到消除浪费、固化增值动作的目的。

1. 推行标准作业的目的与意义

推行标准作业的目的是对每个员工的作业要素进行细化、拆解、研究和改善，将复杂工作中多余的部分消除，重新安排不合理的作业顺序和动作顺序，将相关的动作合并，以实现最简化的作业操作，打造低成本、高效率的班组生产现场。

推行标准作业的意义在于，标准作业可以把生产过程中的各种要素，即人、机器、物料、方法、环境进行最佳组合，按标准化生产的要求制定出相应的作业标准。

因此，作业标准一方面是作业人员需遵守的操作规范，另一方面是管理人员检查、指导工作的依据。经过标准化的作业流程，能确保生产能力的稳定性，确保生产过程的安全性，提高产品质量，奠定企业精益改革的基础。

2. 作业标准的制定

作业标准的制定主要分为以下 7 个步骤。

（1）观察当前状况。班组长观察当前现场生产状况，理解作业中的循环，将循环拆分成基本作业要素，而后定义测量点，观察周期任务，以及识别浪费和波动的原因。

（2）班组长带领班组成员绘制标准工作图，做到作业顺序目视化。

（3）全员观察和用秒表测量时间，制定循环时间测量表。

（4）绘制标准工作结合表。班组长定义最小可重复循环，绘制标准工作结合表，随后按循环计算周期任务，以此得出任何机器的最短标准时间。

（5）由班组中特定岗位的操作人员，使用标准工作结合表，观察另一个操作人员，通过对比得出科学的经验。

（6）确定最佳的作业方式。标准作业的一大挑战就是如何识别用时最短的最佳作业方式。企业可以通过安全和人机工程、质量以及效率 3 个方面来分析和比较不同的作业方式，以此得出最佳作业方式。

（7）企业编制标准作业指导书。企业在编制标准作业指导书时，要围绕"做什么？"以及"怎么做才能做到最好？"两个问题去编制，带着问题找答案。

在制定作业标准时，企业相关部门要注意两点：一是标准作业时间是以操作人员为中心，并非以设备为中心的；二是标准作业指导书编制完成后要经过验证和培训才能推行。

3. 标准作业指导书

标准作业要求企业根据班组作业特点，制定标准作业指导书。

某企业压铸班组的标准作业指导书如表 3.3-5 所示。

表 3.3-5　某企业压铸班组的标准作业指导书

工序号	镁合金压铸	设备名称：800T 压铸机
	作业内容要求	作业时的关键控制点
1	检查熔炉温控箱的显示温度	查看温度显示数据并根据要求调节温控开关，直到镁锭完全熔化为止。温度要求：为 740 摄氏度，温度差为 20 摄氏度
2	检查阻燃气瓶压力表的显示数据	查看压力表指针所指数据是否大于零，否则应立即更换阻燃气瓶
3	做好设备点检工作并填写设备点检记录表	根据设备点检记录表所示检查内容一一进行确认并做好记录
4	清理熔炉残渣并添加镁锭	检查熔炉残渣并将镁渣放到指定位置，根据使用情况添加镁锭
5	开机生产试做首件	先试做几模，待模温升高后试做首件，并填写首件记录表
6	安全检查	由企业负责人对压铸工序进行安全检查，并责令整改安全隐患
7	正常生产	正确操作设备，每 3 模加 1 次颗粒油，优化进料口的润滑效果
8	开模喷洒脱模剂并取出压铸产品	开模时取出产品并均匀喷洒脱模剂
9	产品整齐摆放	合格产品的整齐摆放在托盘上，散落在地上的产品应立即拾取确认，合格产品放在托盘上，不合格产品放一起待回炉
10	做好 6S 管理工作	下班前做好清洁打扫工作，保持设备周边及工作区域干净整洁

以表 3.3-5 为例，各企业可根据自身情况，制定各班组的标准作业指导书。

4. 标准作业审核

企业推行标准作业后，要定期对员工的标准作业能力进行审核，审核过程中应注意以下事项。

（1）班组长制定标准作业审核计划，使每个操作人员能对不同设备进行周期性的检查，此计划需由部门负责人签字确认。

（2）班组长观察到的差异及后续措施都需反映给操作人员，由操作人员在标准作业审核表上签字。

（3）班组长利用班组 QRQC（Quick Response Quality Control，快速反应质量控制）及班组长交接班记录表，将信息传递给下个班组。

（4）部门负责人每月至少参与两次班组长开展的标准作业审核，并在审核表上签字和批注。

（5）每周生产部负责人需和班组长回顾标准作业审核结果，并提出标准作业的改进措施，同时做好记录。

（6）生产部负责人须每日检查班组的标准作业审核结果。

3.3.3 关键质量控制点

加强对关键质量的控制，才能确保产品质量的提高。在班组生产过程中，建立关键质量控制点，是指对工序中应重点管理的质量特性、关键部位或薄弱环节，在一定时期内、一定条件下进行强化管理，以确保工序稳定，使班组生产处于良好的可控状态，保证生产效率与质量。

1. 关键质量控制点的设立

企业在设立关键质量控制点时，应遵循以下 3 项原则。

（1）关键质量控制点需是对产品的性能、可靠性、安全性等方面有直接影响的关键部位或项目。

（2）关键质量控制点需是工艺上有特殊要求，或对下道工序有较大影响的部位。

（3）特殊设备应设立关键质量控制点。

2. 设立关键质量控制点的程序及有关部门的职责

设立关键质量控制点的程序及有关部门的职责如下。

（1）由质量部负责根据相关原则，指导班组设立关键质量控制点。

（2）企业应按要求制定与关键质量控制点有关的文件，并由质量部编制作业指导书、设备定期确认记录表等。

（3）企业质量部对关键质量控制点的管理效果负责，并定期对班组关键工序的设备进行检查，对操作人员的能力进行评价。

3. 关键质量控制点的操作要求

设立关键质量控制点时，对班组中操作人员的具体要求如下。

（1）了解质量管理的基本知识及本工序所用工具的作用。

（2）掌握本工序的质量要求。

（3）熟练掌握操作方法，严格按技术文件进行操作。

（4）了解影响本工序质量的主要因素，并按有关制度要求严格控制管理。

（5）按要求做好各项原始记录，做到严肃、认真、整洁、准确，不得弄虚作假。

4. 关键质量控制点的管理要求

设立关键质量控制点时，对负责人的要求如下。

（1）关键质量控制点的负责人应将关键质量控制点作为工艺检查的重点，检查督促班组的操作人员按关键质量控制点的有关规定和制度执行工艺。如发现有违章作业，应立即劝阻，对不听劝阻的员工，应及时向班组长报告并做好记录。

（2）巡检时，负责人应重点检查关键质量控制点的质量特性及影响质量特性的主要因素；发现异常时，应协助操作人员找出原因，采取措施，加以解决。

（3）负责人要熟悉自己的工作范围，以及关键质量控制点的质量要求和检验质量的方法，并认真进行过程检验，做好各种检验记录。

5. 关键质量控制点的实操案例

依照新益为提出的关键质量控制点的设立方法，某葡萄酒生产企业在班组中建立了关键质量控制点及操作规程。

经过与同行业企业对比，该企业确定生产过程的关键质量控制点为，选葡萄、一次发酵、二次发酵、澄清处理、均衡调配。其班组操作规程如下。

（1）选葡萄时，要求完全成熟、新鲜、洁净、无霉烂果、无病果等，在糖酸度符合要求的前提下，检出合格果实投入生产。

（2）一次发酵。一次发酵具体分为以下几个步骤。

①添加酵母。酵母添加量按每吨葡萄 150 克添加，添加时间为添加果胶酶 6 小时后。添加方法是，从罐内取葡萄汁 10 升，将其加热到 38 摄氏度，加入酵母搅匀，放置 10 分钟待酵母活化后倒入罐内，根据情况加入酵母营养剂，然后进行循环混合。

②发酵温度。车间严格控制发酵温度在 25~29 摄氏度，控制方法为，通过罐体外部喷淋式降温，或者发酵环境降温，如用冷水冲洗地面、通风等。

③发酵液循环。车间定时对发酵过程中的葡萄汁进行皮渣喷淋循环，要求发酵液均匀喷淋整个皮渣表面，每日每隔 4 小时循环一次，每次循环 2 小时。

④原酒车间每日定时测量每个酒罐的温度、比重并填写一次发酵记录表。

⑤发酵结束。当葡萄汁的比重不再下降时，由车间送样到质量部，由质量部检测总糖含量，如小于或等于 4 克 / 升，可判定为发酵结束。

（3）二次发酵为苹果酸与乳酸发酵。质量部负责每天对发酵中的酒进行总酸检测，当总酸下降至 1 克 / 升时，可做层析分析以判定二次发酵是否结束。

（4）澄清处理。经过一次转罐的原酒要进行澄清处理，首先由质量部对每罐进行下胶试验以确认下胶用量及皂土用量。由车间完成下胶，下胶方法为，根据明胶的性质确定其溶解方法。溶解明胶采用纯净水，比例为 1:8，在原酒循环过程中均匀加入明胶溶解液，并彻底循环，静止 12 小时后，循环加入事先溶解好的皂土溶解液。待循环完全后，静止储存。15 天以后，检查原酒澄清情况，以确定分离时间。

（5）均衡调配。具体内容如下。

①选酒。由总工选择、确定调配所用的原酒及相关比例。

②酒的调配。原酒车间按照总工工艺要求进行操作，调配原酒。

③鉴定。调配完毕的原酒由总工进行感官鉴定，由化验室进行理化分析，合格

的原酒进入下一道工序。

该企业全面科学地设立了班组的关键质量控制点，各企业可以此作为示范，自主建立本企业班组的关键质量控制点。

3.4 安全、工装、能耗及班组长管理

随着经济全球化和服务外包的兴起，企业面临着全球开发和交付的新时期。面对新一代服务外包态势，客户也不再仅仅关心成本降低和一般需求是否被满足，而是更关注商务价值，服务质量及创新、交付的可靠性，这意味着客户对于供应商型企业，已提出了更高的要求。

3.4.1 安全活动管理

企业为促进安全文化建设，应制定精益二星班组的安全活动管理的相关规定，以增强员工 HSE 意识（HSE 是 Health（健康）、Safety（安全）和 Environment（环境）3 个英文单词的首字母）、知识和业务技能。

在安全活动管理中，应由企业统筹负责各部门 HSE 活动的宏观策划、组织指导和检查考核工作。各部门负责本部门班组 HSE 活动计划的落实工作。

1. 班组 HSE 活动的内容

班组 HSE 活动内容如下。

（1）学习国家出台的有关安全生产的法律法规。

（2）学习有关安全生产文件、安全技术规程、HSE 管理制度和技术知识以及企业编制的安全学习材料，检查 HSE 规章制度的执行情况。

（3）学习企业征订的各种 HSE 报纸杂志的相关内容以及各级事故通报，讨论并分析典型事故，并结合本部门实际情况，举一反三开展事故预想，吸取事故教训。

（4）开展防火、防爆、防中毒和增强自我保护能力的训练，以及应急预案的演练。

（5）开展针对生产异常、生产难点的研讨会。

（6）组织员工进行环境危害识别和风险评估。

（7）开展查隐患、纠违章和提出合理化建议并讨论的活动。

（8）开展安全生产技术座谈，组织观看安全教育视频。

（9）开展岗位安全生产技术竞赛活动。

（10）学习 HSE 知识，传达健康、安全、环保的相关信息，讨论、总结本班组 HSE 工作开展情况。

（11）以走出去、请进来的方式开展班组 HSE 经验交流活动。

（12）邀请 HSE 专业人员讲课。

（13）文件精神、事故信息等，各班组可以通过班前班后会传达。

（14）鼓励各部门大胆创新，积极开发其他有助于增强员工 HSE 意识、学习 HSE 知识和业务技能、推进企业安全文化建设、促进企业安全生产的班组 HSE 活动内容和形式。

2. 班组 HSE 活动计划

企业主管安全的部门，应每月编制一次班组 HSE 学习材料和活动要求，指出本月内班组 HSE 活动在安全、环保、消防、职业卫生等方面的学习重点，对提高员工 HSE 素质的基本训练内容提出总体要求。学习材料和活动要求于每月月底前发布。

各部门应在班组 HSE 活动大纲的基础上，结合本部门实际生产情况，自主确定活动内容和形式，于每月月底制定出下月的班组 HSE 活动计划，经部门负责人审批后公布实施。

3. 班组工位安全管理要求

在开展班组 HSE 活动的同时，企业还需对班组工位提出安全管理要求。

以某企业的电工岗位为例，与之相关的 5 项安全管理要求，如图 3.4-1 所示。

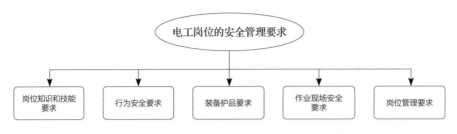

图 3.4-1　电工岗位的安全管理要求

（1）岗位知识和技能要求。员工需掌握与本岗位相关的危险有害因素及预防控制措施，还需掌握危险铁合金工艺知识、电气安全知识，也要熟练掌握安全操作规程，以及本岗位各种电器的正确使用方法。

（2）行为安全要求。员工要严格按与安全相关的法律法规和标准及企业各项安全管理制度进行安全操作；严格按操作规程进行作业，保证各种电器设备的安全运行；要对电气作业进行安全确认，不具备安全作业条件时有权拒绝作业。

（3）装备护品要求。员工上岗必须穿工作服，进行生产装置作业时必须佩戴安全帽等 PPE；会使用各种应急救援器材，如空气呼吸器、洗眼淋浴器等。

（4）作业现场安全要求。休息间清洁有序，各种 PPE 按位置摆放，工作场所内的各种工具摆放整齐、整洁卫生。

（5）岗位管理要求。电工岗位的岗位管理要求如下。

①严格执行企业安全管理制度。

②认真做好本岗位的工作，保证企业内的设备安全运行。

③严格按操作规程和制度进行操作，不得违反操作规程。

④认真做好企业生产车间内电器巡视与检查及隐患的清除与修复工作，认真填写工作记录表。

⑤宣传电气安全知识，杜绝违章操作、违章指挥。

3.4.2　岗位工装改善

所谓工装，就是作业现场的工具装备，在班组现场作业中，在很多情况下作业效率由工装的便利性决定，工装应用及改善越便捷，装配的调整次数就越少。人员的操作动作变动越少，就越可以对准和调整工序时间，越能提高班组生产效率。

针对如何改善岗位工装，新益为在经过多方调查和对比提炼后，提出了以下 5 点建议。

1. 用夹具代替手

在班组操作岗位上，员工在进行装配作业和机械作业时，经常需要用手固定产品，这时会占用一只手导致无法进行双手作业，造成极大浪费。因此，班组可以提供条件，引导员工用脚来控制夹具或台钳等以固定产品，从而解放双手进行双手作业。

2. 使用专用工装

在生产线作业中使用的工装应该是最适合该产品及员工操作的专用工具，可减少浪费。

3. 合并工装的功能

班组应将经常使用或同时使用的工装的功能合并，减少工装切换时间，提升工作效率。同时在小批量混合生产中更需要合并多种工装的功能合并，以减少切换工装所需的时间。

4. 提高工装的便利性，减少疲劳

在班组中，工装的手柄应易抓取，贴合手掌形状，使手用力时产生的反作用力均匀作用于手掌，避免局部受力导致疲劳。班组应确保工装与人体动作相协调，工装要细小轻便且以手指操作为主。

5. 工装应相对稳定，且操作流程化

工装的设计应考虑操作人员在作业时身体是否稳定、自然，同时开关及控制手柄的位置要与作业流程一致，如可以改电动开关为顺势的滑动动作，运用人体惯性来减少动作。具体要求如下。

（1）遵循安全第一的原则。

（2）机械的操作位置应相近，开关要尽量集中，手柄操作在正常作业范围内，并根据作业流程设置位置。

（3）开关的位置要与上步和下步工序相协调。当做到工装脱离人的时候，工装的启动开关位置与下一工序的作业在动作上应连贯协调，从而使作业同时进行以达到最高效率。

（4）工件自动脱落。已完成的工件尽可能利用重力等自动脱落，减少作业时间。

（5）工装尽量减少员工的监控和辅助。工装启动后，能自动送料加工，尽量减少员工的监控和辅助，以便员工可以做更多准备或其他作业。

（6）工装自检自动化，即不制造不良品、不流出不良品，当出现不良品时自动停机或报警。

3.4.3 低值易耗品与班组能耗管理

企业的低值易耗品与班组能耗管理涉及技术、生产、产品产量、能源消耗等方面，最终都要通过班组层面的改善来进行。因此，做好二星班组低值易耗品与能耗管理，才能确保企业降低成本，找到提高经济效益最有效的途径。

1. 低值易耗品管理

一般而言，低值易耗品占用企业资金不多，但其品种较多，在生产经营过程中使用较多、流动性较大。尤其是班组层面的低值易耗品，如管理不善，就会影响成本和经济效益。

班组对低值易耗品的管理一般包含以下5个方面的内容，如图3.4-2所示。

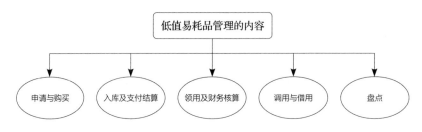

图 3.4-2 低值易耗品管理的内容

（1）申请与购买。班组常备的办公用品应由其所在各部门申报请购计划。企业综合部根据库存状况，按照合理储备的原则适时编制采购计划，审批通过后，报采购部实施采购。其中，工装的购买由班组所在部门汇总后提出申请，经设备部审核，再拟定购买申请，经分管副总经理审核同意，报总经理批准后转采购部购买。

（2）入库及支付结算。到货后，采购部及时通知归口管理部门组织验收，对数量、质量、规格、型号进行确认，验收无误后，相关班组成员现场在入库单上签字确认。对于低值易耗品，仓库管理员凭签字后的入库单对所受物品逐一核实后，登记低值易耗品台账。采购人员凭验收后已签字的入库单与发票、合同、采购计划或申请，填写财务报销凭证，审批通过后，办理财务结算。

（3）领用及财务核算。办公用低值易耗品的领用，以部门为单位经部门负责人审批签字后每月领取一次，新员工领用除外。对于工装类用品，使用部门领用后，由部门负责人和班组保管人员在仓库管理员低值易耗品台账上签字即可，明确物品的保管人。员工离职必须将登记领用的各类非消耗类低值易耗品交回原发放部门，并注明接收人，由接收人签字确认。

（4）调用与借用。各种非消耗类低值易耗品在企业内部跨部门调用，需由使用部门写申请，经归口管理部门批准并变更登记后方可调用。使用频率不高的低值易耗品，可采取向仓库临时借用的办法。

（5）盘点。财务部根据情况，组织不定期抽查、盘点，对班组归口管理部门及使用部门相关低值易耗品的实物及台账管理现状，提出考核建议。同时，在抽查中对于低值易耗品报废、毁坏、丢失的，应及时登记并查明原因。

2. 班组能耗管理

能耗是企业操作水平与操作理念的综合体现，班组能耗管理能反映一个班组的整体技术水平及团结协作能力，同时也能反映班组是否达到精益二星的管理水平。

班组能耗管理要求班组能对能源进、消、存的数量与质量等进行简明扼要的统计。因此，企业应要求班组的各类能源消耗统计台账要齐全，能耗报表要正确、迅速、按时上报，报表填写的数字要整洁、清晰、正确，不得随意涂改，报表填写后，必须由部门负责人审核，超耗必须说明原因。

在能耗管理过程中，除了填写能耗报表外，还可通过以下 3 种方法进行能耗管理，如图 3.4-3 所示。

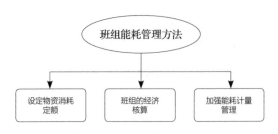

图 3.4-3　班组能耗管理方法

（1）设定物资消耗定额，即在一定的生产技术组织条件下，班组为完成生产任务必须消耗的物资的数量标准。先进合理的物资消耗定额，是班组在生产过程中预期物资消耗的正确反映。

（2）班组的经济核算，指企业利用价值形式，推行以班组为单位的核算制度，对班组在生产活动中的物资、劳力、资金的耗用进行经济核算，通过分析和控制，以取得尽可能好的经济效果。

（3）加强能耗计量管理，能耗计量是班组能耗管理的基础工作。各有关部门、班组应根据企业分配的指标进行层层分解，做好能耗定额管理工作，并且要按周、月进行计量考核。

3.4.4　班组长一日工作流程

作为精益二星班组长，一日工作流程应包括班前管理、班中管理、班末管理和每周例行工作。

1.　班前管理

班前管理包含两方面内容，一方面是班前准备，另一方面是班前会准备。

（1）班前准备包含 5 方面内容，分别是检查生产指标完成情况、工料费情况；检查开班前的现场 6S 管理情况；检查设备状态；核对交接班记录表，确认信息；检查产品质量和安全状况。

（2）班前会准备包含 6 方面内容，分别是上一班指标达成情况统计、明确本班目标、收集需传达的信息、激发员工的热情、PPE 检查、具体分工。

2. 班中管理

班中管理包含 3 方面内容，即早上的班中管理、午休时的班中管理及下午的班中管理。

（1）早上的班中管理有以下重要环节。

①现场巡视。工作开始前 10 分钟至 1 小时，对班组员工进行作业观察和 6S 安全状态检查。工作开始 1 小时后，进行产品质量状态的确认。工作开始 2 小时后，进行零部件、材料的存量检查确认。

②了解某段时间的生产实绩。

③向上级报告生产状况等。

④后勤事务的处理。

⑤出席联络会议。

⑥对于指示事项的实施状况进行检查。

⑦确认生产作业情况。

⑧产品质量及异常情况的收集和反馈。

（2）午休时的班中管理有以下几个重要环节。

①午休前，要确认设备是否关闭。

②午休时，要对员工进行问候。

（3）下午的班中管理的主要内容与早上的管理内容基本一致，但存在个别不同的关键节点。

①下午工作开始后确认上午的生产实绩及设备的状态。

②下午工作开始 1 小时后，确认作业状况。

③下午工作结束前 1 小时内，进行勤务关系的处理和检查。

3. 班末管理

合格的精益二星班组的班组长在班末管理中需要完成以下工作。

（1）整合统计本班生产数据。

（2）填写并更新班组目视化看板上的数据与信息。

（3）检查物料箱是否清空。

（4）组织检查本班组的 6S 管理状况。

（5）准备第二天班前会上需传达的关键信息。

（6）与下一班次班组长交接，关键信息记录在交接班记录本上。

4. 每周例行工作

除日常工作外，班组长还需进行每周例行工作，包括以下 4 方面内容。

（1）根据一人多岗的要求对员工进行培训。

（2）按多技能培训计划对员工细化考核。

（3）每周对一个工位进行工位的职责落实情况审核，将审核记录交给部门经理。

（4）按培训计划对新员工进行培训。

班组长若想做好以上工作，还应注意 4 个要点，即注意信息的收集与整理；注意监控生产计划的完成进度，保证产品准时交付；注意对新员工及岗位变化的员工的引导与培养，防止发生异常；注意及时处理看板上列出的问题。

第 4 章

三星班组：
班组指标，打造全员改善班组

从三星班组开始，全员改善成为班组精益管理的新目标。从部门到企业，都应确立指标并加以科学分配，整个班组的改善意识将由此增强，促成班组面貌自下而上的改变。

4.1 班组活动实施

没有活动的班组，就谈不上精益管理，更不会有真正的进步。班组活动的实施，是三星班组管理者应关注的重点。

4.1.1 班组道场建设

班组道场是三星班组的重要组成部分。班组道场作为人才培育的基地，提供全员改善的最佳场所，是打造全员改善班组的重要载体。企业利用"道场"形式，将班组变成人才培训的重要场所。班组道场建设由此成为三星班组有待实施的重要活动，被世界上许多企业广泛应用，成为培养精益人才不可或缺的环节。

1. 道场的定义

什么是道场？道场是精益企业崭新的培训模式，是精益人才诞生、成长的基地。从道场走出去的优秀员工，不仅在理论上有所建树，也是实际操作层面的高手。

班组道场理论由丰田公司首创，在丰田公司及其供应商体系的研发、培训和实践中经历了考验，成为一套精益人才的培养模式。在我国，道场式的精益培养模式则进一步融合了丰田生产管理系统，将员工作为该模式的中心，以持续改善的理念，指导员工学习与发展。

通过班组道场建设，企业不仅能打造出优秀的员工个体和群体，还能营造全员参与、精益求精的先进文化，促使管理人员对精益管理思想有更深刻的认识，更能引导基层管理人员准确操作精益管理工具。在此基础上，企业班组可由三星班组走向四星班组、五星班组，建立不断更新的基层精益管理体系。

2. 班组道场的设计与建设

班组道场应以满足企业实际需求为目标，围绕企业精益管理体系进行设计与建设。

三星班组道场建设主要包括 4 步，如图 4.1-1 所示。

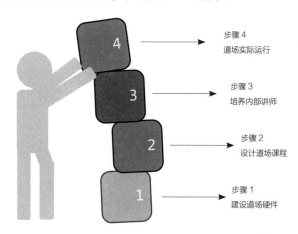

图 4.1-1　三星班组道场建设的步骤

通过分步建设，各班组将清楚自身道场建设的进度、状态和目标。每个步骤的主要内容如下。

（1）建设道场硬件，包括确定场地、布置环境等工作，也包括准备培训器材，如电脑、投影仪、桌椅等。

（2）设计道场课程。结合本班组工作内容特点，根据具体岗位需求，设计具体的培训课程和讨论内容。

（3）培养内部讲师。道场的讲师通常应为企业内部培养出来的。对于中小企业，特别是实力还不够雄厚的小企业而言，不可能为班组的道场专门聘请外部讲师。班组长应帮助成员提高认识，在道场讲课，担任内部讲师。同时，班组长应向员工强调道场课程的规范、讲师资格的认证、讲师职责的划分等，并组织员工为讲师打分，适时记录道场教学信息。在条件允许的班组内部，也可以进行适当激励，例如评选道场优秀讲师、发放讲师教学补贴等。

（4）道场实际运行。在道场的实际运行过程中，应注重时效性，对培训内容应进行统一管理、审核并定期更新。为此，班组还应就道场运行建立统一的管理台账，并按模块、人员、培训类型等分类。

在道场运行过程中，班组应对培训课程开展定期评审，确保道场的培训水平稳定，以将培训成果不断转化为实际工作成果。道场的课程不仅应有理论内容，还应有实务操作内容，并结合多媒体显示屏、平板电脑等视频教具加以展示。

4.1.2 班组活动

班组活动是精益三星班组建设的重点。精益三星班组工作的全面深入开展，离不开班组活动的落地执行。当改善活动在班组层面真正开展起来时，就能加快确立精益指标，实现班组的全面提高、全员参与。

精益三星班组活动的主要步骤如图 4.1-2 所示。

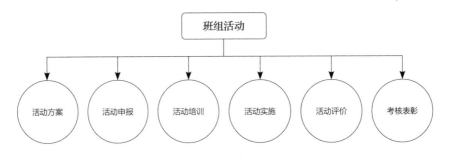

图 4.1-2　精益三星班组活动的主要步骤

精益三星班组活动应根据主要步骤形成流畅闭环，其具体内容如下。

1. 活动方案

为全面扎实地推进精益三星班组建设，更好地开展改善等建设活动，有效提高班组管理水平，企业应统一制定下一年度班组活动方案，由部门、班组逐级拆解到季度、月度，并形成具体活动方案。

班组活动方案应从指导思想、活动目标、活动思路、活动计划等方面，指导本班组开展精益管理活动。通常，班组会围绕补短板、提品质、抓特点的指导思想，开展精益管理活动。此外，班组还应结合上一年精益管理活动开展中的问题，有针对性地设置改善活动。

（1）补短板。班组应根据上一年度精益班组建设情况，将其中的重点问题设定为活动主题，例如 5S 管理的薄弱环节、班组目标的量化设定等。

（2）提品质。班组在现有要求的基础上，通过活动进一步达到精益三星班组水平，包括提升标准作业品质、提升创新改善品质、提升内外服务品质。

（3）抓特点。班组应根据自身工作内容属性，结合精益管理活动，提炼本班组精益工作特色。例如，保障型班组应突出设施设备管理、日常维护保养、应急维护效率等方面的工作内容；生产型班组应突出工作流程、执行动作、习惯培养等方面的工作内容。

2. 活动申报

在活动申报过程中，企业应确定本年度具体开展活动的精益三星班组名单，使各班组对应各个活动的主题和内容。

3. 活动培训

企业应重视班组活动开展前的培训和学习，投入固定经费、提供固定地点，作为班组活动的支撑资源。尤其在活动方案通过后，企业要为班组提供具体指导，从理念、标准、工具、现场等方面开展培训。

4. 活动实施

活动实施前，班组长应明确活动的意义，形成量化、可检查、可靠的班组活动管理目标，确定量化的活动关键绩效指标，涵盖活动过程的各个方面。

在活动中，班组应安排和鼓励员工积极参与活动中的各个改进环节，普及各类改善方法的基本概念，根据问题大小，通过创意活动、QC、精益项目等加以改善。同时，各项指标应在活动中进一步展开、细化，落实到各个班组成员。

5. 活动评价

活动评价的主要形式包括沟通机制和学习分享。

（1）沟通机制。班组应在活动开展前，建立班前会、班后会或专项沟通机制。在沟通中，班组应通过明确标准化的会议流程，确保活动信息有效传达、活动任务有效安排、活动工作有效总结，及时解决问题。

（2）学习分享。班组应结合自身职责和活动特点，在活动中开展针对性的交流、讨论；通过及时总结和分享，提升员工的素质和技能；通过学习讨论，使活动促进班组成员经验和知识的积累。

例如，班组长应鼓励员工在活动中，发现工作中的问题和不足，并主动汇报交流，以增强员工的敏感性，使他们在平时的工作中，继续保持主动发现问题的态度。

6. 考核表彰

班组活动考核表彰的主要内容包括班组竞争、表彰考评等，主要利用的考核工具为管理看板。

（1）班组竞争。班组应建立竞争机制，以学习、比赛等形式，提高员工的凝聚力和挑战力，促进精益三星班组内部、班组之间的良性竞争。

（2）表彰考评。表彰考评是指对班组活动业绩、员工学习业绩等内容的考评。班组活动结束后，开展班组成员的自评、互评，促进个人和集体的绩效提高。表彰考评结束后，应通过管理看板等工具，对结果进行公布。

4.1.3 异常管理

异常是指在企业生产运营过程中，影响原有计划达成和产品交付的事件。异常和正常是相对的，生产异常就是生产过程中由于特殊原因造成生产停工或进度延迟的情形。

班组生产异常从短期来看，会带来产品质量波动、效率成本损失；从整体来看，会带来企业的经营损失、客户满意度的下降。经过多年研究，新益为认为，精益三星班组建设中的异常管理活动，主要应致力消灭异常浪费，确保一线生产系统的稳定性。

异常管理是精益三星班组改善活动的核心内容。当班组全员参与异常管理活动，即时进行改善后，才能最大限度消除问题。在班组建设中，异常管理活动是提高精益效率的重要环节，当异常管理活动深入推进每个班组时，一般都能通过降低损失，提升生产系统的稳定性。

异常管理活动的流程如图 4.1-3 所示。

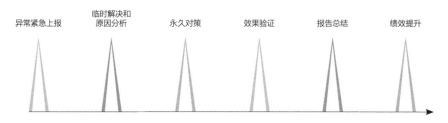

图 4.1-3　异常管理活动的流程

图 4.1-3 所示的异常管理活动的流程，可以提高基层班组成员的异常意识，使其迅速发现并处理问题，降低损失。经常开展类似的活动，企业能建立以预防和改善为要务的班组管理系统，从而提高整个生产系统的稳定性和可靠性。

班组异常管理活动主要包括以下 4 步。

1. 发现

发现异常是班组异常管理活动的第一步。只有发现异常，才能开展活动、落实责任，最终才有可能解决问题。

班组异常是指在班组作业过程中出现的各类异常，主要包括效率异常、品质异常和其他异常。

①效率异常。由于班组成员自身原因，或物料、设备、工艺、环境等出现问题，导致生产停顿、效率低下。

②品质异常。上述问题导致产品质量不好。

③其他异常。在班组生产前和生产过程中，出现以往未发生或没有明确规定的情形，导致效率和品质受到影响。

此外，也可根据具体造成的损失量，对异常加以分类，例如重大异常、一般异常、微小异常等。还可根据异常的发生点对其进行分类，如品质异常、制程异常、材料异常、设备和模具异常、人员异常、环境异常等。

2. 解决

班组在发现异常后，随即进入对策流程来解决异常。通常情况下，企业应先制定临时对策，解决短期问题；随后寻求永久对策，解决长期问题。其主要步骤如下。

（1）班组操作人员应及时准确地判断异常类型。

（2）班组管理人员应根据情况，迅速有效上报。

（3）根据实际情况立即采取行动，以在短期内解决异常。

（4）制定永久对策，将过程记录存档。

异常管理活动中最紧急的部分在于上述第（3）步。发现异常后，班组管理人员必须在最短的时间内到达问题现场，并迅速解决问题，确保损失最小化。班组管理人员还应将异常情形迅速通知有关部门，并要求其参与处理。同时，管理人员对过程采取处置措施，使异常情形暂时得到控制而不再恶化。根据具体情况，将异常情形进行分类、修理不良品、调整或对当事人进行教育培训、将处置内容记入异常报告书。

解决异常最难的部分在于最后一步，制定永久对策才能减少乃至消灭异常。为此，班组管理人员应努力研究潜在的不合格事项及其原因，评价防止异常情形发生的措施，确定并实施所需的预防措施，记录所采取的预防措施的结果；评价已实施的预防措施，跟踪评估采取措施后的效果。

3. 异常管理活动评价

对班组异常管理活动的评价，包括对班组上报速度、临时对策和永久对策效果的评估和打分，这也是对班组整体异常处理效果的评价。

异常管理活动评价是三星班组管理活动的重要环节。通过该项评价，企业能提高班组成员的技能、促进异常情形解决对策的优化，也能实现对各个班组管理活动业绩的量化评估，形成班组目标考核的基础。

异常管理活动评价表如表 4.1-1 所示。

表 4.1-1　异常管理活动评价表

项目	5 月	6 月	7 月	8 月	9 月	10 月	11 月	12 月
班组人数 / 人								
人均完成异常管理数量 / 件								

（续表）

项目	5 月	6 月	7 月	8 月	9 月	10 月	11 月	12 月
异常管理工作完成率								
异常管理工作完成质量								

异常管理工作的完成率和完成质量，应根据异常报告的具体分数、异常造成的损失等数据，进行量化计算。

4. 异常管理活动考核

异常管理活动考核是开展三星班组异常管理活动的最后一步，是对班组活动的总结。

异常管理活动考核主要包括以下 3 方面内容。

（1）责任的考核。对重大异常责任的追究，应在班组和员工工作业绩考核，以及具体人员的季度或年度评价中体现。

（2）改善的考核。这项考核内容主要适用于刚开始开展异常管理活动的班组，以异常管理活动的完成率作为考核依据。

（3）结果的考核。这项考核内容主要适用于已开展了两年以上异常管理活动的班组，以责任异常次数、异常损失率作为考核依据。

4.1.4　精益三星班组评价

精益三星班组评价是指企业基于精益管理思想，对精益三星班组进行的定期评价和评比。通过这一活动，企业能持续提升班组精益管理水平。

精益三星班组评价通过定期开展三星班组基础管理评价活动完成。三星班组基础管理评价活动主要涉及班组日常管理、6S 管理、异常和绩效管理、班组活动管理、员工职业素养管理和标准化管理等。

基础管理，顾名思义，就是面向整个班组进行的基础管理。目前，很多企业为班组配备了先进的设备，硬件条件并不落后，但其基础管理上的缺失，直接导致班组的"软实力"相对落后，造成各种各样的浪费。结果，小到班组，大到整个企业，都会背负着浪费而前行。

为此，企业必须在班组管理过程中，适当"放慢"脚步，利用评价机制，对三星班组做出诊断，寻找基础管理中的问题，及时调整思路。

对基础管理的评价可从有效性和业绩性两方面着手。

（1）有效性。企业可指定对应的有效性评估工具或流程，评估三星班组建设工作是否有效。例如，班组会议是否在充分沟通的环境下进行，班组成员对工作流程是否感到满意等。

（2）业绩性。企业应要求三星班组持续实施改善活动，其成果体现在主要业务衡量指标上，即实现业绩的有效改善，例如，通过有效开展班组活动，实现班组精益管理目标的五大要素（提升品质、降低成本、确保交期、确保人身安全、提高士气）的持续改善。

4.2 现场设备管理与改善

在三星班组管理中，企业应要求班组成员树立"我的设备我管理"理念，充分投入现场设备管理与改善工作中，定期对本班组设备进行清扫、维护、加油等保养工作。

4.2.1 设备自主保全

设备自主保全，顾名思义，即班组对所使用的设备进行自主管理和维护。班组成员在日常使用设备的过程中，应自主保护设备，使设备保持良好的运行状态，而不应完全寄希望于外界力量。

自主保全是针对专门保全而言的。在传统制造型企业中，存在着对设备保全的认识误区。生产班组只管使用设备，对保全则不闻不问，全部"甩锅"给维修保养部门。维修保养部门埋头苦干，对设备日常如何使用则无从过问，最多只是在规定时间为设备加点油，对其进行简单的保养。结果，班组成员经常挂在嘴边的话是"设备坏了不关我的事"。但实际上，一旦设备受损，生产出不良品，或者造成交货延误，必定与班组日常工作有关。

班组不仅应自觉遵守设备的操作规范，还应及时发现、更换和复原性能下降的部件。这是因为班组成员大都熟悉设备性能，具备及时有效地发现问题的能力，以避免设备受损带来更多的负面影响。

在三星班组管理中，设备自主保全活动的目的是实现生产部门员工和维修部门员工的角色融合与转变。该活动要求每个生产一线的员工，对自己使用的设备负责。学习和培训活动可使班组成员操作专业化，并了解设备的理想状态，从而对设备的基本条件、使用条件、老化复原、正常运转等方面有准确的认识；同时，也能保证班组长通过目视化管理，对此加以监督和改善。

1. 设备自主保全的内容

设备自主保全的内容主要包括以下几点。

（1）避免设备老化。班组成员应通过正确操作，防止人为错误，避免设备不当老化。班组应为设备健康运转做好准备，进行交替调整、参数调整等，并能始终准确保全数据。

（2）积极测定老化。在工作中，操作人员和管理人员应随时发现设备的缺陷，利用日常点检、定期点检等活动，实施设备异常管理。

（3）现场恢复活动。班组发现设备老化问题后，可现场进行简单的零件更换等恢复活动。

通过这些活动，企业可将原本全部由维修部门承担的工作，交由现场班组成员完成。通过学习、培训，企业可逐步让所有班组成员都能自觉承担设备自主保全工作，并负责其中大部分日常工作。专业的维修人员也能集中精力和资源，从根本上解决设备故障问题，提高设备使用率，延长设备的生命周期。

2. 设备自主保全的步骤

设备自主保全活动包括 7 个步骤，如图 4.2-1 所示。三星班组做到第六步即可。

图 4.2-1　设备自主保全活动的步骤

　　按照设备自主保全的步骤，班组将有效开展设备自主保全的培训和执行活动，从而增强班组成员的自主保全设备的意识。

　　（1）初期清扫。此处的清扫与 6S 管理中的清扫不同，前者强调对设备本身的清扫，培养班组成员发现缺陷的能力、运用五感的能力。例如，围绕设备本体，清除垃圾、废物，清除设备老化、不合理的部分，以增强班组成员观察、思考、动手的能力。

　　（2）找到发生源。班组成员应重点对清扫困难的部件加以改善，努力找到问题发生源。

　　（3）清扫、加油。班组通过清扫、加油工作，可增强设备对抗老化的能力。在此过程中，操作人员应遵守设备管理基础标准。

　　某企业在三星班组建设过程中，开展了设备润滑养护的改善活动。设备润滑养护的改善活动内容如表 4.2-1 所示。

表 4.2-1　设备润滑养护的改善活动内容

活动主题	活动内容	活动目标	班组目标	指导和管理内容
设备润滑养护	1.设备润滑养护技能的教学 2.对设备润滑进行全面检查 3.在一定的时间内清扫、加油 4.形成设备润滑养护的班组管理体制	1.改善加油润滑困难的问题 2.实施设备润滑的目视化管理 3.确保设备润滑的基本条件，防止加油失败，导致设备老化	1.员工能保证自我确定改善目标并实施 2.员工了解维持改善标准的重要性，并服务于集体行动	1.向班组明确设备的润滑养护规则 2.传授设备润滑养护情况的检验和维护程序，并予以指导 3.传授设备清扫、加油的具体执行方法，予以指导并及时援助

利用类似活动，班组能逐步明确自己应采取的设备管理方法，以实现设备自主保全目标。

（4）总点检。企业应帮助班组成员了解设备构造，使其拥有正确处理异常的能力。通过定期检查设备，班组成员能在日常工作中及时发现设备的异常，并判断发生异常的原因。

设备定期检查记录表如表 4.2-2 所示。

表 4.2-2 设备定期检查记录表

设备名称		设备来源		设备代码	
型号规格		检查日期		检查地点	
检查人员					
设备外观及技术状况					
附件、备件、工具、安全装置是否齐全、有效					
运转记录、履历簿填写是否及时、准确，基本制度执行情况					
操作、维保状况					
消耗、产量情况					
对操作人员的考核情况					
检查意见					
被检人员签字					

运用这一记录表，班组能将设备的总点检，转化为日常工作中规律的检查行动，以优化设备的维护与使用过程。

（5）自主点检。员工应在不断自主进行的养护过程中，尽快了解设备特性、机能构造，把握日常自主保全工作的重点。

（6）品质保证。班组可通过设备自主保全工作，重点增强员工对品质的管理能力，具体而言，即帮助员工全面理解品质和设备的关系，并在设备问题引发不良品质之前，就做好措施加以规避。

（7）自主管理。班组应制定设备自主保全的机制，对设备和现场的管理策略也可从中得到巩固。

4.2.2　六源改善

在建设星级班组的过程中，我们会发现一些问题的"源头"。在日常工作中，班组长如果对这些"源头"无动于衷，就会导致员工对星级班组建设失去动力、缺乏信心，导致问题反复出现。

从企业领导者到班组长，都应主动引导基层员工，去寻找和解决问题源头所隐藏的矛盾。

班组是否具备合格的六源清除能力，将决定其是否能顺利达到三星水平，并获得下一步的成长资格。

1. 六源的定义和分类

六源是指班组生产现场中的问题源头，具体分为以下6类。

（1）污染源。污染源即灰尘、油污、废料、加工材料屑的来源。更深层次的污染源还包括有害气体、有毒液体、电磁辐射、光辐射以及噪声等方面的污染。

污染源可能来自设备运行、产品加工过程，例如加工过程中产生的碎屑、废料、废水、废渣、废气等；也可能来自空气中的漂浮物、水中漂浮物。这些源头都可能导致设备磨损加快、管道堵塞、润滑不良，甚至可能损害班组成员健康。

（2）清扫困难源。清扫困难源主要是指难以清扫的部位，包括空间狭窄部位、污染频繁部位和危险部位等。

①空间狭窄部位主要包括设备工作空间的空隙，如设备内部深层，无法使用清扫工具。

②污染频繁部位主要为连续污染而无法随时清扫，或清扫劳动强度太大的设备部位。

③危险部位是处于高空、高温、高气压、高水压、高电压、高放射以及设备高速运转区域的部位，操作人员难以接近。

这些部位受到污染后，会更快地影响设备的正常运行，导致设备故障或环境污染。

（3）故障源。故障源主要是指可能造成故障的潜在源头。故障源的 5 种类型如图 4.2-2 所示。

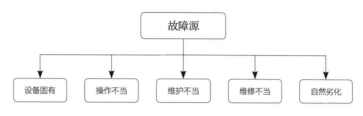

图 4.2-2　故障源的 5 种类型

班组在排查和解决故障源的过程中，应充分理解不同种类故障源的表现和原因差异，并有针对性地加以解决。故障源的 5 种类型的具体内容如下。

①设备固有，如设备存在设计缺陷、质量缺陷、原材料缺陷等。

②操作不当，即未按操作规程操作，如编程失误、参数调整失误、指令失误以及掠夺性使用设备等。

③维护不当，如未经常对设备进行清扫、点检、保养、润滑，或未及时清除废屑、灰尘，未及时调整、润滑等。

④维修不当，如设备维修工艺不合理，维修操作失误，零部件安错位置、安装不到位，或短路、断路等。

⑤自然劣化，如设备自然磨损，材料老化、硬化、失效变形、开裂、断裂等。

（4）浪费源。浪费源即生产过程中，任何无附加值的事物，如产量过多、存货积压、不良品重修等导致的浪费，也包括加工、等待、搬运导致的时间浪费。

在生产现场，三星班组应关注的浪费内容主要包括开关引起的浪费、材料的浪费，以及无用劳动、工序和活动带来的浪费。

（5）缺陷源。在班组活动中，还可能发现产品缺陷源，即影响产品质量的生产或加工环节。

解决缺陷应从源头做起。通过三星班组管理，班组应从设备、夹具、模具和工艺等方面进行改善，并从员工的技术、工艺行为规范着手，消除缺陷源的负面影响。

（6）危险源。危险源即班组生产现场潜在的事故发生源头。尤其在制造型企业生产现场，有大量危险源，例如人员触电、物品掉落、材料飞溅、装置爆炸、气体泄漏乃至厂房起火等。从安全法则来看，要想避免严重安全事件发生，就必须让轻微伤害和无伤害的意外源头减少。为此，班组必须识别所有危险，并将它们消灭在源头。

2. 清除六源活动

企业进行三星班组管理时，应引发员工对六源问题的关注。班组长必须加强对员工寻找六源活动的引导，使关注六源问题成为员工工作的潜意识。班组长也应从清除员工的麻痹大意源头开始，将发现和解决六源问题，同生产现场的改善活动融为一体。

在清除六源活动中，有以下几点注意事项。

（1）明确活动要点。明确活动要点，员工才能有的放矢，借助班组长赋予的思路和工具，开展具体活动。

例如，班组长应明确六源发现和解决的流程、制度、表单，用"查找指引"来启发员工，指导他们做好统计、评比、展示和激励工作。

（2）明确注意事项。企业应既要求员工遵照制度开展活动，又要让活动形象生动、重在激励，保证员工的积极性。班组长应注意第一时间向员工进行反馈和激励，以人为本、体现尊重。

（3）明确活动工具。班组可利用不同的活动工具清除六源。例如，利用看板帮助员工直观了解活动内容；也可由班组长带领员工到源头现场，进行参观、学习和借鉴。

利用现场会议和网络传输，三星班组能拥有更为立体的活动平台。例如，员工可将消除六源的成果编制成PPT，在会议上与其他员工面对面交流经验。班组也可以利用内部网络平台发起活动，公布发现和解决六源的成果统计情况，加以激励，促使员工相互督促、相互竞争。

4.2.3　现场工装管理

工装是班组在生产制造过程中所使用的工具的总称，主要包括刀具、夹具、辅具、量具、模具、钳工工具、工位工具等。工装能保证产品质量、发挥设备效能、提高生产效率、降低生产成本，也是精益星级班组升级过程中必不可少的技术装备。现场工装管理在精益班组管理中发挥着重要作用。

实施现场工装管理，能缩短生产准备时间，提高多品种生产的组织效率，最大限度减少工装更换、调整设备的时间，去除无效劳动，提高班组工作效率和设备利用率。

为此，班组必须做好以下相关工作。

1.　工装的领用

班组成员在使用工装时，应遵守领用制度，定期领用和归还，避免将其长期用于生产环境，导致工装质量和性能下降。在生产现场，应建立工装使用管制制度，制度应规定专门的操作人员对领用工装的情况进行记录，包括编号、品名、名称、规格、数量、领用、日期等。对共同使用的工装，也应建卡管理。班组成员在领用时应先登记，再办理借用手续，用后及时归还，并进行技术检查。对已有磨损的工装，要及时修理或进行报废处理。

工装使用管制表如表 4.2-3 所示。

表 4.2-3　工装使用管制表

编号	品名	名称	规格	数量	领用		归还		备注
					日期	签名	日期	签名	

班组应制定类似的使用管制表，对每次工装的领用和归还情况加以登记，使现场使用更加规范有序。

2.　合理使用工装

在三星班组生产现场，班组长应要求成员合理使用工装，尽可能减少损耗。合理使用的原则如下。

（1）结合不同产品的进场、出场，做好工装的准备与清理工作。

（2）不同产品出场后，应及时对生产中所使用的工装进行清理。现场管理人员应根据生产情况，分别安排退库、改进或修复工作，确保产品在再次进场后，工装能顺利使用。

（3）工装的使用，应严格遵守工艺要求，即在工装强度和性能所允许的范围内使用，禁止随意替代使用。例如，一些操作人员动辄用螺丝刀代替凿子、用钳子代替锤子等。此外，也应避免以专用工装代替通用工装，在使用专用工装时，应注意保证环境条件符合其精度要求。

3. 妥善保管工装

班组应设立专门的规章制度，建立必要的流程，妥善保管工装器具。

（1）工装应放在固定场所保管。应按规定对有精度要求的工装进行支撑、防护。

（2）工装箱应保持整齐，要有专人管理，确保其整齐、清洁、定位摆放，做到账物相符。

（3）无关物品或私人用品，禁止放在工装箱内。使用完毕后的工装，应进行处理，防止生锈变形，长期不用的工装，应统一保管。

4. 做好工装的清点与校验工作

工装的清点与校验工作看似不起眼，却能在很大程度上影响班组的精益管理水平。其主要包括以下事项。

（1）每天查对工装箱，每周核对账目，确保账物相符。

（2）贵重和精密的工装应给予特殊管理，做好定期清点、校验工作，注意轻拿轻放。

（3）对工装中的量具，应做好周期性地检查、测量和鉴定工作，确保其处于良好状态，始终保持稳定的工作效果。

5. 工装的修复报废

任何工装都有一定的使用寿命。在工作中，磨损和消耗是不可避免的。但班组应树立修复报废意识，对能修复的工装，应及时采取措施，积极恢复其原有性能。例如磨损的刀具、量具等，应及时修理使其恢复原有性能。对不可修复的工装，如果是在定额范围内发生的，可以按照制度规定的流程进行报废和更换。对于由于个人违反操作规定，导致工装报废的情况，应在班组范围内查明原因、明确责任、予以处罚。

6. 工装的整顿工作

在整顿工作中，应重视工装是否能"立即取用"和"立即归位"。例如，班组长应充分考虑，是否可以减少现场使用的工装种类和数量。例如，可以使用标准零件，从而使用同一工装。又如，可以将工装提前搬运到距离作业场所最近的地方，避免在取用和归位时，花费过多的步行和搬动时间。

在对工装进行"取用"后，应尤其重视"归位"。只有好的"归位"，才能让"取用"变得更加精准高效。对于那些需要不断取用和归位的工装，可以选择使用吊挂、插入的形式加以放置，确保取用方便。同时，为了让工装准确归位，可以利用复印图、颜色、特别标识、凹模等方式，帮助其定位。

4.3 质量与安全管理改善

三星班组的质量与安全管理改善水平，体现了其一星、二星阶段的管理水平，也奠定了其成长为四星、五星的基础。

4.3.1 变化点管理

万事万物都处于变化中，班组生产同样如此。由于作业现场的各种因素不断变化，班组必须提前采取有效措施，规避由于变化带来的潜在风险，对现场变化点进行统一识别、控制和管理。

1. 变化点

变化点是指与理想中的与生产和服务有关的因素不同的因素，导致班组生产经营发生变化。班组生产现场的人员、物料、设备、方法 4 个方面中，只要有任何一方面发生改变，就会形成对应的变化点。

例如，人员的变化，包括新员工上岗、员工休假后返岗、员工顶岗、员工转岗、员工伤病等；物料的变化，如生产物料发生切换等；设备的变化，如新增设备、设备参数变更、设备异常等；方法的变化，如作业标准变更、操作方法变化等。

2. 变化点管理

变化点管理是指各班组通过建立变化点管理看板，对人员、设备、物料等的变化，进行有效跟踪、控制和管理，减少班组生产由于变化而出现的质量缺陷，提高不良品问题的可追溯性，增强班组的质量控制能力。

在班组生产中，变化点总是会不断出现，并最终以不良品的形式呈现。绝大多数企业生产出的不良品，都来自某些变化或异常。做好变化点管理工作，确切把握变化和异常情况，才能准确采取应对措施。

通过变化点管理，班组可在不良品出现前，就将处于萌芽状态的异常去除，杜绝异常发生，防患于未然。

在变化点管理过程中，班组还应安排专人不断记录相关变化点，并传达给全体成员。在此过程中，班组长是变化点管理活动的中心，对变化点管理负责，直到确保全组成员按指示加以实施。

在班组内开展变化点管理工作，能促使监督人员、检查人员、操作人员共享变化点信息，提升全体成员对变化点的关注度。班组内的监督人员将妥善跟踪变化点，检查人员也能更明确其检查的重点。

3. 变化点管理看板的使用

在日常变化点管理中，班组长应做到每天开班前，汇总本班组各工位的各类变化点，并加以筛选，归纳出本班组上班时的变化点，并制定相应措施。如开班后出现临时变化点，则需要由班组长进行评估，如认为变化点会带来风险，则应重点关注，并将应对措施告知相关员工。

在变化点管理中，看板是重要的管理工具。看板的悬挂时间应根据具体情况确定，原则上是当班跟踪开始时悬挂、结束时撤下，收回班组区保存。如需要长期跟踪变化点，则由班组长控制具体悬挂时间。

使用变化点管理看板的注意事项如下。

（1）看板数量。企业应根据实际情况分配看板，每个班组应有独立的看板。

（2）看板的位置，原则上应设立在晨会看板附近。

（3）看板的内容，主要包括变化点记录表和员工多技能矩阵表。其中，变化点记录表用于现场记录变化点的具体情况，如表 4.3-1 所示。

表 4.3-1　变化点记录表

年　月　日　　星期			日／夜班		班组：	
晨会指示事项					检查人员：	
人员	操作人员	替换人员	指示事项	结果	班组长	其他
						出勤率：
物料	变化内容		指示事项		是否按指示落实	
设备	变化内容		指示事项		是否按指示落实	
方法	变化内容		指示事项		是否按指示落实	
签字确认	班组长		现场工程师		车间主任／部门经理	
	工艺／物流工程师		质量工程师		设备工程师	

记录变化点的步骤如下。

（1）班组长在晨会前，收集并填写变化点信息，同时填写变化点记录表，交给本部门领导。其中包括逐一填写日期、班次、班组、操作人员姓名和出勤率，以及在具体工作过程中，操作人员负责填写人员、物料、设备、方法等方面的变化内容和指示事项等，并确保内容完整、可靠。

（2）部门领导在企业晨会上，汇报部门内部各班组的变化点信息，并将上级领导的指示，记录在新的变化点记录表上。

（3）班组长应将晨会指示事项，分解补充到人员、物料、设备、方法等项目中。没有变化点的地方，不应空着，而要填写"无"。

（4）班组长根据变化内容和晨会指示，填写人员、物料、设备、方法的现场应对措施，并将具体应对指示传递给本班组的相关操作人员。

如上级领导在晨会上没有特别指示，班组长应根据现场应对措施处理流程表填写应对措施。如果班组没有相应的现场应对措施处理流程表，则应由班组长自行制定应对措施并予以公布。

（5）在线检查人员负责每天检查后，在变化点记录表上签字，对变化点信息加以确认。

其中，"变化内容"一栏，应详细写清楚产生何种变化，不能只是简单地写出变化点的发生部位。"指示事项"一栏也应清楚记录工序号、由谁做、做什么，而不能只是简单写一句工作内容。

（6）车间内工艺、质量、设备工程师，应每天到各班组现场巡视，并签字确认。

例如，装配、机加车间的班组，需要班组长、现场工程师、车间主任、工艺工程师、质量工程师、设备工程师在记录表上签字确认。物流仓库班组，需由班组长、物流部门领导、物流工程师、质量工程师在记录表上签字。

（7）根据巡视结果，班组长对人员针对变化点采取的应对措施进行跟踪，并签字。对其中认可部分和不认可部分，以"○"和"×"分别确认，也可用文字描述跟踪结果。通过这一流程，企业可确定班组是否在现场按指示落实了操作措施，完成了变化点管理工作。

4.3.2 防错管理

在班组生产过程中，不良品缺陷的另一大来源是"错误"。这些"错误"包括客观和主观两类。前者如方法错误、信息错误、机器设定错误、来料不良错误，后者如人为操作中故意、误解、未确认、不熟练、反应慢、意外等原因，造成的错误。

错误是客观存在的，重点不在于错误是什么，而在于班组如何对待错误。我们真的能确保流程制定后，就必然万无一失？我们真的能保证通过培训和考核，就能让所有员工都不犯错？当然不能。三星班组只有一种选择，就是做好防错管理工作。

为预防和解决错误，从丰田生产体系建立至今，各国企业在生产现场质量改进过程中，积累了丰富经验，创建了被称为"防错"的管理体系，并将其进一步发展为用以获得产品优势的"零缺陷"管理系统。

在班组的防错管理中，各层级管理者应充分尊重员工才智，通过防错管理技术的运用，以顺利完成过去依靠传统人工才能完成的重复劳动，杜绝因各种主客观错误而产生的缺陷，实现更低投入、创造更高效益，迅速提高班组、部门乃至企业的综合竞争力。

新益为在为制造型企业班组建设提供现场咨询时，经常设计有针对性的方案，对错误加以预防。下面是某企业的防错管理案例。

该企业生产车间某班组在组装时经常出现装错件的问题。在班组中，新员工培训不够、操作不熟练，而老员工则过于追求生产速度，忽略了生产质量。此外，在一个制程中，一天要更换多个机种，这也增加了装错件的可能性。

针对上述问题，新益为给出的防错管理方案是，制作一个旋转式的料架，其出料口只有一个。当按下机种控制钮后，出料口只会流出需要上线的材料。这样装错件的情形将得以杜绝。

在另一家企业的生产车间，不少班组经常出现零件漏放错误。具体表现为，压铸时，需将原件放入模内，但经常有员工忘记将原件放入模具中，导致还需要配备检查员监督这一步骤是否完成。即使利用了类似手段，但还是有所遗漏，造成装错件，引起客户抱怨。

对此，新益为给出的防错方案是，在模具旁安装传感器，当有组件放入后，蜂鸣器会响起，并发出灯光警告，以此提醒员工完成这一步骤。

这种质量管理方法的价值不仅在于避免错误，还在于即便让粗心大意的人去操作也不会做错事。从狭义上看，防错管理的目的是尽量减少乃至杜绝错误的发生，但这只是被动的。从广义上看，防错管理是指如何主动让错误发生的概率降低。防错管理可以是使用任何一种装置来简化检查，或者避免产生特定的产品缺陷。而其实现方式，或者是注意式的防错，即需要人员参与；或者是控制式的防错，不需要人员参与。

1. 防错管理的五大方法

防错管理通常有以下五大方法。

（1）全装置，即通过工具装置等进行预防。这一方法主要根据物品的特性，如按照产品或原材料的重量、尺寸或形状，进行防错管理。

（2）传感器放大，即信号放大传递给操作人员以减少错误。这一方法主要从制程或被忽略的流程中，通过信号的放大和传送，发现并判断错误。

（3）冗余，即通过附加措施进行控制和预防。

（4）倒计数，组织读出数据和信息的过程，让错误程序保持并行，以检查每一步。通过类似方法，可从固定数值中发现错误。

（5）特殊检验和控制装置，即通过及时发现错误，实现及时反馈。

2. 防错管理的原则

防错管理应遵循以下 7 项原则。

（1）将确保质量的技术设计在制程中。任何有缺点的结果都是不应该出现的，即便只出现一个错误，也是对正确流程做出的"犯罪行为"。为此，必须将防错的相关安全措施设计在制程中，确保从源头上规避错误。

（2）消除错误和缺点的态度。班组的每个人都应坚信，任何错误都是能避免的。只要有强烈意愿，总会找到消除错误和缺点的办法。

（3）避免寻找借口，不做错，只做对。不允许寻找借口，如"但是……"之类的表述，而是用"那是错的……"这类表述。

（4）避免班组中形成"对不起"的道歉风气，而要强调多思考如何将事情做对。

（5）防错管理的措施应迅速投入执行，而不能坐等 100% 的成功率。实际上，一步到位的解决方案很少，解决方案大都需要在具体实践过程中不断检测和调整。班组如果认为防错的解决方案成功率高于 60%，就应迅速组织力量投入执行。在执行过程中，根据实际情况，进一步完善解决方案。

（6）零错误是可以实现的，但只凭借某个人或某个工位的努力，是很难实现的。全班组必须团结起来，合力消除错误。班组长必须引导所有成员凝聚智慧和创造力，才能更高效地找到正确的解决方案。

（7）发生错误后，为找到真正原因，班组应使用 5W1H 法则。当问题暴露后，班组首先要做的不是增加检查人员，而是找到问题根源，以验证解决方案。班组必须了解什么是真正的解决方案，而不能寻找临时的救急方案。

在初步找到原因后，班组长应多问"为什么"，而不是轻易满足表面的原因。多问几个"为什么"，才能找到深层次原因，随后再询问"我们将如何改善"，并付诸行动。

为贯彻上述原则，班组应充分熟悉常见的现场问题点。现场问题点清单如表 4.3-2 所示。

表 4.3-2 现场问题点清单

现场问题点类型	现场问题点的解决方案
形状	利用物体外形、尺寸，如方形接口、圆形接口等，可以提前防止错误
重量	利用物体重量，如载具超载则不能运动，并发出警告
浮力	利用浮力原理，如水箱水位上升到某个高度，浮球拉动拉杆，切断水源
光线	利用环境光线，如自动照明系统，光线不足即启动
数量	利用数量限定，如零件自动出入箱达到一定数量后，机器停止
时间	利用时间限定，如按动一次按钮，时间到后即停止工作
方向	利用限定方向，如设置栅栏或调整出入口，确保人流、货流方向
电流	利用电流大小，避免出错

（续表）

现场问题点类型	现场问题点的解决方案
温度	利用温度高低，控制电路或仪器开关
压力	利用压力大小，如容器压力不够，机器会报警
感应	利用是否能感应到物体来判断状态，如利用光电感应器进行检测
接触	根据是否直接接触物体，判断物体的状态，如以金属感应器检测物体是否错放、漏放
图像	利用图像识别技术判断工作状态

根据现场问题点清单，班组应将难以观察的作业设备以颜色加以区分或放大，并对防错设备进行灵敏度调试，使操作人员即便在不太注意或无意识作业时，也能避免犯错。

防错管理主要以班组为单位，并形成常态化识别→改善→固化→优化的过程。至于细节，此处不再赘述。

4.3.3　安全管理

安全管理是精益班组管理的重要分支，是为了确保生产、维修或服务过程中，班组人员和财产的安全而进行的管理。通过安全管理，企业能避免涉及人身、设备、环境、操作等的各种不规范做法和不安全因素，以确保生产、销售、维修、服务的整体进度和质量。

要想做好安全管理，首先应了解事故是如何形成的。事故形成的过程如图 4.3-1 所示。

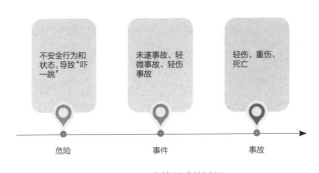

图 4.3-1　事故形成的过程

图 4.3-1 所示的事故形成过程，即"事故链"，其主要组成部分为危险、事件和事故。

事故是否会发生，与危险、事件有直接的因果关系。著名的海因法则统计出每300 个危险因素里，就会出现 29 起轻微危险事件，并最终导致 1 起严重的事故。但人们看到的，往往只是露在水面上的危险，却没有意识到隐藏于水下的大量危险。在班组生产中，有些细微的隐患问题，出现一次乃至数十次都不会导致事故；但如果得不到及时解决，总是维持其隐患状态，不断重复出现，就必然会发生事故。因此，在三星班组管理中，只有控制了人的不安全行为、物的不安全状态，最终才能有效减少、控制和防范事故。如何培养懂安全的班组长、成员，如何在行为上避免对安全的损害，是班组管理的重要课题。

班组安全管理必须从对危险因素的感知和控制着手，真正防微杜渐，才能安全生产。其中，被证明十分有效的管理体系，即 KYT 体系。

1. KYT 体系

KYT 全称为危险预知训练，是针对班组生产特点和作业过程，以危险因素为对象，以班组为团队，开展的安全教育和训练活动。这种活动是群众性的、自主管理的活动，目的在于控制作业过程中出现的危险，预测和预防可能出现的事故。其中，K 代表危险（Kiken），即不安全的状态；预知（Yochi），即预先掌握；训练（Training），即训练有素。

在企业层面，KYT 应关注如何在企业生产现场开展安全管理活动；在班组层面，应关注如何具体进行危险预知训练、讨论和管理。

班组成员通过 KYT 的日常应用，能提高对危险的敏感度，能提高在作业的重要环节中的注意力，积极发现作业中潜在的危险和问题，有效防止人为失误导致的安全事故。

2. KYT 的实施

KYT 的实施贯穿于班组管理的全过程，其实施过程主要包括以下 3 个步骤。

（1）基础训练，目标是把握 KYT 基本方法，培养识别危险的能力。例如，组织班组员工，对危险点照片进行情景分析。

（2）定期训练，目标是根据 KYT 基本方法，对作业场所中的危险进行挖掘。

例如，要求每个员工对自己工位所在的场所进行安全性分析。

（3）作业前KYT，即根据KYT基本方法，对作业过程进行分析确认。具体方式是员工对设备保全、危险作业前进行充分的危险分析。

上述3个步骤分别对应KYT试点期、KYT展开期和自主管理期，形成三星班组管理过程的全覆盖。

3. KYT方法

在不同的KYT实施步骤中，可采用不同的方法。这些方法可以分为不同类型，以对员工加以培训，从而增强其安全管理能力和意识。KYT方法如表4.3-3所示。

表4.3-3　KYT方法

KYT方法	作用	具体方法
掌握现状	了解存在何种潜在危险因素	1. 员工举手发言，找出可能出现事故的地方 2. 假定可能出现何种危险事故，要求班组成员列出5~7个危险因素 3. 培训人数应控制在5~7人一组，每人提出一个因素即可，避免过多
追求根本	判断何种危险因素是最主要的	1. 每人从所有因素中，找出最具危险性的因素 2. 将因素集中化、重点化，形成公认的最危险因素 3. 列出公认的1~2个最危险因素，由班组长带领全员朗读
找出对策	设想如果是自己会怎么做	1. 针对最危险的因素，每人提出1个最可行的对策 2. 将所有5~7个对策合并为1~2项最可行的行动
设定目标	分析自己应该怎么做	1. 将对策转变为目标 2. 将个人目标合并为团队行动目标 3. 形成文字，由班组长带领全员朗读目标

进行KYT时，班组长应注意以下原则，以正确引导班组成员的心态和行为。

（1）针对同样的表现，不同人会有不同的看法，不同的看法会体现为不同的分析结果。KYT需要依靠集体力量，互相启发，才能达到共同提高的目的。因此，必须借助团队的力量，以班组或作业小组为单元进行KYT，并由班组长带领执行。

（2）实施培训时，班组长要组织每个人讲真话、多发言，员工不能有所顾虑，更不应有相互等待推脱的想法。

（3）对同一作业现场的识别，不同员工会有不同看法和结果。班组长无须强求认知结果的一致，重点是要利用"掌握现状"步骤，推动大家积极思考。

（4）在培训过程中，应多采用与作业内容相关的图画标识，以加深员工印象。在具体执行中，不能放任班组成员自由行动，即便成员只是犯了一点微不足道的错误，也应当场加以纠正。

4.4 成本改善管理

"工作"既包括"作业"，也包括"改善"。其中，作业意味着每天要重复做的事情，而改善就是创造性的事情。三星班组不能满足于作业，更要主动对成本进行改善管理。

4.4.1 改善提案

在三星班组管理中，既要重视作业质量，也要重视改善质量，后者的提升离不开改善提案。

改善提案是指班组成员针对工作中影响生产、品质、效率、成本、安全的问题，提出的可行的改善建议。在改善提案的指导下，班组成员能主动积极进行改善，以此改变班组作业环境、减轻个人劳动强度、提高生产效率，同时提升产品品质、降低制造成本，最终提高企业竞争力。

例如，在某班组生产线上，由于操作人员无法徒手挤干净硅胶，导致硅胶残留，影响作业速度，根据操作人员本人制定的改善提案，班组决定制作专用工具，使用快捷方式，将硅胶挤干净。

改善后，产生了两方面的现实效果。在有形效果方面，由于提案的科学性，成功避免了硅胶干枯风化导致的浪费。该班组所在车间迅速推广改善提案，3 条流水线、3个班组，每年仅在硅胶这一项上，就节约了22.68万元。在无形效果方面，在提案指导下的改善活动有效节约了资本、减少了浪费，因而提高了企业的竞争力。

实际上，只要班组成员齐心协力，具备较强的改善意识，任何问题都能通过改善获得解决。

1. 改善提案的原则

改善提案是班组内合理化建议的有效开展途径，但其报告必须遵循以下原则。

（1）自查。提案者应针对本人的情况加以检查，即班组成员对自己或所在团队的工作不足之处进行调查分析，找出能加以改善的问题点。

（2）自立。提案者应针对问题点，自行提出改善建议、改善方案。改善建议和方案要基于事实，要"立得住"，方便执行。

（3）自改。提案者提出改善方案后应亲自执行该方案，或自行协助专业人员执行。

2. 改善提案表

为将员工的改善提案落到实处，班组内需要制定和分发统一的改善提案表，由提案者将具体的改善建议详细记录下来并上交。对改善提案表进行多角度评议、审批后，将形成班组一致认可接受的改善提案。改善提案表如表4.4-1所示。

表4.4-1　改善提案表

编号：

姓　名		提交日期	
部门／车间（班组）		联系方式	
改善提案名称：			
改善着眼点	□品质 □成本 □效率 □士气 □安全 □ 5S □其他（　　）		
合理化建议内容（内容包含现有问题、改善建议、预计效果）： 注：若需要更多的空间进行提案阐述，可将内容写在背面或另附一页纸			
委员会审核			

（续表）

采纳并实施提案跟进负责人：_____	
建议完成时间：_____	
未采纳原因：_____	
签字：　　　　　　日期：	
采纳改善编号：	
确认实施效果	
结果	□达到预期　　　　□未达到预期
产生实际效益	
会签	
批准	

　　除改善提案表，还应使用改善提案登记表、改善效果汇总表等统计工具，以更为科学全面地实现改善效果。

3. 改善提案的执行流程

　　改善提案并非"提完就算"，而是需要遵循必要的流程去执行，以确保整个改善活动的有效性、公平性与合理性。只有根据流程进行的改善提案，才能为改善活动开个好头，打好基础。改善提案的执行流程如下。

　　（1）成立改善提案委员会。在班组内成立一个小型的改善提案委员会是很有必要的，这既能提高改善提案活动的效率，也能引起班组成员对改善提案的重视。

　　（2）对改善提案委员会的职能和工作职责加以确定。例如，委员会中的某人负责下发和收集改善提案表，另一人负责组织评议等。

　　（3）制定改善提案表、评价基准和奖励制度。改善提案表不能盲目套用现有格式，而应结合班组具体的工作现场特点进行设计和调整。同时，评价基准和奖励制度也应结合实际激励需要进行规划，并得到班组所有成员的理解和支持，以确保发挥应有作用。

（4）培训活动。在开展改善提案活动之前，应进行有效的培训活动。培训活动应针对所有班组成员进行，使他们能认识到改善提案的重要作用，了解改善提案的意义和价值，从而遵循改善提案的执行流程。

（5）改善提案任务的分解、收集和评审。班组长对改善提案任务进行分解后，下发到不同成员，由其填写改善提案内容后再进行收集和评审。

改善提案应按规定格式详细填写。如因内容较多，无法在改善提案表中表述，就应另附改善提案报告。改善提案报告还需包含改善前状况、改善对策、改善后状况、实施后的效果和评价。此外，改善提案材料还应包括相关图片、说明等附件。

改善提案上交后，应由班组长初核评分，再根据实际情况，交由更高级别的主管评审，或由改善提案委员会评审。

（6）改善提案的实施、验收和奖励。改善提案评审通过后，企业对改善提案进行实施，并验收成果。对于其中成果显著的改善提案，应按制度对相关人员进行奖励。

4.4.2 工序改善

工序改善是班组内为提高产品质量和合格率，减少不良品，使工序能力进一步增强的活动。班组可通过工序改善活动，对各工序投入时间和精力，进行生产活动管理的优化改善。

工序改善意味着班组需要针对工序分析所发现的问题，采用一定方法，对现有工序进行调整处理。

1. 工序改善的对象和目标

工序改善的对象通常按其特征分为以下两类。

（1）偶发性的质量问题，即主要是由于系统性因素导致的质量问题。这种问题对产品质量的影响较大，班组针对此种问题，需采取有效措施进行消除，避免同一类型问题重复发生。

（2）经常性的质量问题，即由于长期性因素，导致质量发生变化，使质量长期处于不利的状态。通常，长期性因素对产品质量影响不明显，形成原因较为复杂，不易被发觉。为此，班组需要采取措施改变现状，使质量达到新水平。

在明确改善对象后，应进一步确定工序改善目标。班组通常应在原有工序的基础上，采用和现状对比的定量方法确定目标。例如，将现有合计加工工时的 10 小时，减少 20%，即减少至 8 小时；或将现有产品不合格率，从 2% 降到 1% 等，这些都是工序改善的具体目标。

2.　工序改善的步骤

工序改善应遵循必要的步骤，将工序调整到最好的效率状态。

（1）掌握关键问题。为掌握目前工序能力特点，了解与产品质量问题相关的不良情况，应将现有工序中存在的问题点列出。

（2）确定主要问题。改善工序之前，先使用排列图表工具，对问题影响因素的重要性进行排列分析，以明确需要立刻解决的主要问题。同时，还应确定需要达到的改善目标，从而制定措施。

（3）分析因果关系。对现有工序情况进行分析，明确产品质量特点、问题原因之间的关系。具体方法如下。

①结合班组员工的技术能力、实践经验，分析改善目标和现有问题原因的关系，并绘制分析图表。

②利用检查表等工具，对有关实际情况的资料和数据加以收集。

③利用统计方法，对工序改善和产品质量的关系做出分析。例如，班组可以用过去的产品数据，结合新工序下的试验结果，以直方图、管理图、散布图、假设检验、参数估计等方法进行对比分析。

（4）制定改善方案。在上述分析的基础上，针对工序中的具体问题点，制定具体改善方案，并组织操作人员实施。

（5）确认改善效果。实施改善方案后，应检查具体效果，以判定是否达到了应有的效果。如确有效果，就应将临时的工序标准进一步固化为正式标准，以此对工序加以管理；如效果不理想，就应进一步分析，并采取措施，如此反复进行，实现彻底改善。

在确定改善效果的过程中，班组内可应用工序改善报告书，对改善效果进行确认。工序改善报告书如表4.4-2所示。

表4.4-2　工序改善报告书

工序号		改善期限		责任人	
工序现状与问题：					
改善目的：					
改善结果：					
改善的分析方法：					
效果的技术经济分析：					
需进一步改进的问题：					

通过工序改善报告书，班组既能检查员工在工序改善中发挥的作用，也能提升工序改善的效率。

3. 工序改善的方法

为实现更好的效果，工序改善可以利用以下几种方法进行。

（1）剔除，即对原有的工序环节加以减少，缩短加工制造时间，将多余且不合理的工序剔除。

（2）合并，即将原本重复进行的工序步骤进行归类合并，使工序设置更为合理。

（3）调整，即对工序的位置顺序进行调整，以减少搬运次数和时间，或节约相关资源。尤其是涉及不同生产地点的工序，采用该方法更为有效。

（4）同步，即将按时间先后顺序进行的工序，通过改变场地布置等方法，调整为同步进行，以减少搬运时间。

（5）其他。班组可运用作业、动作、时间分析等方法改变工序，以减少加工量、缩短工期。

4.4.3　换型管理

变化永不停止。今天，制造业正朝着多种类、小批量、定制化生产方向发展，这是市场对企业提出的要求，也是企业对班组的管理要求。班组必须做好工序转换即换型管理工作，减少换型时间，否则就很难积极应对变化。

理论上，最佳的换型管理是"不用管理"。在最理想的状态下，即便对生产现场进行换型，也只是一键完成而几乎不浪费时间。班组想要达到这样的高效率，不可能一蹴而就，必须从认识现有的换型做起，逐步改善。

1.　认识换型

在丰田公司的精益生产理论中，根据换型（工序转换）的时间差异，班组换型工作可以分为内部换型和外部换型，即内部工序转换和外部工序转换。

其中，内部换型是指停止生产而进行的工序转换，外部换型是指不停止生产而进行的工序转换。外部换型无须停止设备运转，而内部换型则必须停止设备运转。

换型管理在班组生产现场改善过程中，具有非常重要的意义。换型犹如改善的宝库，只有不断挖掘，才能发现其价值。班组长应努力将工序管理重点放在换型上。

2.　由内部换型转向外部换型

换型管理的基础原则，即尽可能节约换型所需的时间。为此，班组操作人员必须在设备运行过程中，完成外部换型；同时，又要尽可能地对内部换型作业进行转变，保证迅速完成所有换型。

在换型中，现场经常会发生生产线和设备明明已停止运转，却没有及时做好相应准备，导致工序停顿的情况。为避免类似的负面情况发生，班组应做到由内部换型转向外部换型。换言之，内部换型外部化是换型管理的基础。

3. 快速换型管理的步骤

新益为根据实践经验，总结出了快速换型管理的步骤，具体内容如下。

（1）现场观察，并记录不同的换型步骤。

（2）记录换型所花费的时间和各种浪费。

（3）对内外部换型种类加以区分。

（4）分析其中不同的换型动作。

（5）将可能的内部换型动作转化为外部换型动作。

（6）对内外部换型加以优化。

（7）试验新的换型动作，并根据实际情况加以改进。

（8）建立和实施新的换型标准。

很多企业进行换型管理时，将大部分时间和精力集中在上述步骤中的（3）（5）（6）这3个核心步骤上，形成三步法换型管理模式，从而取得更为显著的效果。

4. 三步法换型管理模式

三步法换型管理模式更直接地对影响换型效率的步骤进行改善，也更容易提升效率。

（1）区分内外换型种类。很多企业之所以换型效率低下，最主要的原因是没有区别对待外部换型和内部换型的动作。一些班组往往等机器停线后才开始准备换型，将外部换型"拖"成了事实上的内部换型。

（2）内部换型转外部换型。将内部换型动作尽可能地转化成外部换型动作，经过转化，内外换型动作之间的差异就是能直接节省的时间。

要实现内部换型转外部换型，班组必须具备以下3个条件。

①工具。为实现换型转化，所有的工具都应提前准备就绪。

②物料。换型意味着更换产品、原材料、零件等。为此，所有备品备件都应提前准备就绪。

③相关人员。相关人员应提前就位，停机之后相互协同作业。人员之间的协作水平取决于班组长的组织水平、班组内部的协作文化。班组长既要组织好内部的协作，也要引导本班组换型人员与设备维修部门、仓储部门、质量部门的人员更高效地沟通协作。

（3）进一步优化。在上述两大步骤的基础上，应进一步优化内外部换型动作，缩短换型时间。

4.4.4 盘点差异化改善

在班组改善中，班组长理应将经济效益作为重要的评价标准，但这并非改善效果的唯一评价标准。班组的改善活动，不能只以追求眼前的经济效益为目标，而是应促进班组成员对企业生产经营的关注，增强他们的参与感，进而营造良好的改善氛围。

班组员工既是班组生产经营的实践者，也是班组管理的参与者。他们对班组生产经营的不同环节非常了解，并有各自不同的改善见解和看法。班组长需要保持对彼此之间的差异的尊重，激发他们提出改善建议的热情。

为实施差异化改善，班组应努力做好以下几点。

1. 奖励先行

开展改善提案活动的目的并不只是找到几个"好点子"，更在于广泛调动班组员工参与的积极性。积极推出奖励措施，确保奖励先行，能提高全体班组员工的参与热情。同时，提案目的各有不同，质量也各有高低。要想正确评价提案，只有通过奖励才能做到。

为此，班组对好的改善提案，应给予物质奖励等激励；对质量一般的提案，应给予精神层面的鼓励。这样既能保证同样的激励效果，也能体现质量上的差异，激发员工的智慧和力量。

新益为曾帮助某企业设计了针对班组改善提案的差异化奖励方式。该企业班组对员工的提案，给予一定奖励。其中，有效提案 10 元一条，每月评选优秀提案 5 条，给予 50 元一条的奖励。有效提案和优秀提案都会代表班组，在企业内网、内部报刊上发表。

为确保差异化改善活动的公平公正，企业每月定期召集班组长进行内部提案动员大会，并在现场进行模拟评审。动员大会还要求各班组积极组织员工参与，并以内部评审的方式，对员工提案进行认真评审，并对员工提出的不同问题给予答复。

2. 自主体现差异

班组不仅应从管理层面上积极体现改善差异，还应引导员工积极自主体现差异。在改善活动中，只有那些被真正实施的改善建议，才是能产生价值的。因此，班组既要激发员工提出提案的热情，还要培养他们自主发现问题、提出问题和解决问题的能力，使员工从不自觉地改善，转向自觉地改善，使员工更专注于如何解决自己发现的问题，提升自己的工作效率。

3. 充分广泛化

在实施改善过程中，班组不应对提案的范围进行限制，而是应鼓励员工从班组的生产、安全、品质、成本、效益、服务等方面，提出不同的改善建议。班组长应向员工强调，只要是有利于企业发展，企业经济效益和管理水平提升的提案，就是有效提案。提案思路越开阔，提案覆盖范围就越广泛，其差异化对班组就越有利。

4. 提案改善与合理化建议活动的差异

改善活动的差异化，还体现在提案改善与合理化建议活动之间的区别。从长远来看，提案改善与合理化建议活动存在显著差异，如表 4.4-3 所示。

表 4.4-3　提案改善和合理化建议活动的差异

项目	提案改善活动	合理化建议活动
活动目的	追求长期改善和广泛参与	追求短期经济效益，强调问题相关人员参与
鼓励方式	奖励金少，奖励受众广	奖励金多，奖励受众少
推进方式	持续性推动，重视连续性	非持续性推动，重视示范性
评价方式	注重提案本身的效果	注重提案数量和改善效果
提案格式	使用便于统一的标准格式	不使用固定格式

总之，班组应及时对改善活动的差异化特点进行盘点整理，以更好地发挥其作用。

4.5 交付管理实施

三星班组建设是为了班组能更好地追求生产的合理性、高效性和简洁性，能更灵活地交付满足不同需求的高质量产品。

4.5.1 生产进度检讨

在三星班组建设过程中，企业必须进一步组织班组全体成员，做好对生产计划的控制，贯彻库存管理的基本思想，从严把控生产进度和质量。这是三星班组建设成功的关键。

1. 生产进度控制

生产进度控制是指在班组生产计划执行过程中，对有关产品生产数量和期限的控制。通过生产进度控制，企业能确保班组在交货期限内完成生产计划规定的产品产量。生产进度控制是班组生产进度检讨的重要内容。

为做好对生产进度的控制，班组应努力完成以下工作要点。

（1）严格按照生产计划生产。生产计划应该是生产进度的指导范本，计划需要贯穿整个生产过程，从生产的技术准备开始，到成品下线入库，都应遵循生产计划的要求。

①在执行生产计划时，应尽量减少换型频次。班组长应妥善安排日生产计划，将换型频次减到最少。

②优先完成容易的工序步骤。如果可能，班组应集体先完成那些比较容易的任务，减轻部分工作压力。

③确保熟悉的员工做熟悉的业务。此外，班组还应和其他部门、班组配合，获得支持，进而妥善完成生产计划。

（2）认真分配生产任务。班组必须设置必要的提前期，确保正常的生产计划不被耽误；应该选择较近、方便的加工位置，减少重复搬运。同时，班组富余员工的数量，也能作为生产任务调节的依据。

（3）灵活处理特殊情况。班组对特殊情况的处理，经常决定着生产进度最终是否符合计划要求。通常情况下，如果产量的欠缺量小于日生产计划的 25%，班组长就应要求员工加班以完成任务。考虑到加班会导致员工疲劳工作，班组长应在此时向上级领导申请提供人员支援。

在面对紧急任务时，班组长应按照以下原则进行调整操作和灵活处理。

①实行简易方式的转产，对原有生产过程进行冻结或清理。

②指派合适的小组长，对班组生产过程进行实时跟踪。

③进行生产调换作业，将紧急任务优先安排完成。

（4）合理测试并报告速度。在班组生产过程中，班组长可检测流水线和机器加工的转动和完成速度，并实时报告。在此基础上，班组长可通过控制硬件和软件的方法，对生产速度加以调节。控制硬件，如对生产线运转调速器进行调节；控制软件，如对班组生产奖惩管理制度和相关信息进行调节。

在软件控制中，生产节拍的调整至关重要。生产节拍是指现场生产的节奏，其直接掌管者应该是生产现场的部门领导者，他通过班组长推动和改变生产节拍。

生产节拍可以根据生产形势而改变，当生产任务紧迫或员工士气高涨时应加快，反之则应减慢。在调快节拍时，应提前告知并鼓励员工，反之则不必声张。

2. 分析生产过程异常

班组在生产进度的检讨中还应利用图表工具，对生产过程异常进行分析。生产过程异常分析表如表 4.5-1 所示。

在生产现场召开会议对生产进度检讨时，应及时发放和填写生产过程异常分析表。通过上述表格的填写，班组不仅能把握生产进度，也能把握生产质量。

表 4.5-1 生产过程异常分析表

部门 / 生产线				经 理	主 管	报告人	报告日期
班组							
异常发生时间	异常种类	○质量异常 ○操作失误 ○其他：（请描述）					
异常生产时间	异常处理用时	异常类型				○偶发性 ○经常性	
	停产时间						
异常图片或示意图	异常现象描述（5W1H）	What（何物）：					
		When（何时）：					
		Where（何处）：					
		Who（何人）：					
更多信息见下方附页照片		Why（原因）：					
		How（状态）：					
异常描述小结							

（续表）

问题	原因
Why-1	
Why-2	
Why-3	
Why-4	
Why-5	

针对原因采取的行动

序号	行动内容	责任人	日期	时间	结果
1					
2					
3					
4					

预防措施	项目	内容	日期	时间	结果
	"一点课"活动				
	SOP指导书				
	合理化建议				
	自主保全基准书				
	设备计划保全基准书				

4.5.2 定岗定编产能基准

在三星班组管理中，交付管理工作的效率是否理想，基础在于班组岗位及岗位职责是否明确，也包括班组作业工作的标准化程度、落实到班组的制度规范化程度。如果这些工作都能做好，班组的精益管理水平就能更上一层楼，班组的产能基准也就体现得更为精准。

1. 职责明晰

在班组中，不同人员的职责、工作范围、工作标准必须清晰，以便员工能尽快了解其工作内容以及工作中的责任和权力等。职责如果不明晰，就容易陷入无法落实的困境，导致责任、权力都无法落实。

职责明晰是定岗定编最基础的内容。尤其是班组岗位职责的确定，既需要从领导层向下的审视、监督和规范，也离不开员工自身的反省、评估、确定。通过上下结合，企业就能准确界定班组岗位职责，推动定岗定编工作的开展。

在界定班组岗位职责时，应注意以下几点。

（1）描述职责的语言应清晰简洁，具有实际操作性。

（2）描述中应明确工作范围，具体包括工作内容、责任区域、责任标准等。

（3）对工作职责的描述，应符合操作环境和操作实际，并采用规范化的格式。

（4）描述工作岗位职责，应同相邻岗位职责相互衔接，便于考核和监督。

（5）制定班组岗位职责时，为确保清晰明确，可以按照 6W1H 原则进行，其主要包括以下内容。

① Who，即工作的责任人是谁。

② For Whom，即工作的服务和汇报对象是谁。

③ Why，即为什么要做该项工作。

④ What，即工作是什么。

⑤ Where，即工作的地点在哪里。

⑥ When，即工作的时间期限有多长。

⑦ How，即完成工作所使用的方法和程序是什么。

通过对上述问题进行回答，整个班组能对工作内容更为清楚，班组的定岗定编工作也将更容易产生效果。

2. 岗位管理

三星班组建设离不开岗位管理及定岗定编工作。在确定班组岗位、员工数额和编制后，这项工作有助于班组长对员工的出勤、进步状况进行动态管理。

班组定岗定编工作的主要内容如下。

（1）岗位设置管理，即结合具体的生产流程，设置不同岗位。

（2）班组定员管理，即针对岗位需求，设定员工数额。

（3）班组人员定岗管理，即根据不同岗位需求和人员能力及经验特点，划分岗位。

（4）班组人员的工作时间管理，如出勤、迟到等。

（5）班组人员的工作状态管理，如士气、工作情绪等。

（6）班组人员的技能管理，如操作水准、培训水平等，

（7）班组人员的流动管理，如人员因故缺勤后的补充、替代和轮岗等。

为妥善完成定岗定编工作，班组长必须制定本班组的岗位要求、工作流程，熟悉本班组员工的技能和素质水平，确保人岗匹配，人员素质和能力可以满足岗位要求。

第 5 章

四星班组：
班组运营，创建高效班组

四星班组已进入更高阶段的成熟运营状态。通过全面提速的班组运营、深入人心的影响，四星班组将成为企业内执行力较强的示范基层单元。

5.1 明星班组建设

四星班组理应成为企业的明星班组。企业应通过工艺纪律检查、实施明星班组活动等手段，创建效率更高、更具凝聚力、更具价值的精益班组。

5.1.1 工艺纪律检查

在四星班组中，工艺文件是否得到严格正确地执行，对班组正常生产具有重要意义。为确保工艺纪律检查发挥应有的监督检查作用，提升班组工艺管理水平，确保现场工艺执行情况正常，企业必须在班组内开展工艺纪律检查工作。

1. 工艺纪律检查的原则

工艺纪律是指班组成员必须遵守的工艺要求和操作秩序，包括企业最新的工艺守则、工艺标准、工艺规程和作业指导书等。

班组长进行工艺纪律检查时需遵守的具体原则如下。

（1）工艺文件的正确性、完整性和统一性。

（2）生产过程中是否做到按图样、按标准、按工艺文件作业。

（3）生产过程结束后，是否完成自检、互检和专检。

2. 工艺纪律检查的过程

工艺纪律检查应多层次并突出重点。通常情况下，可采用定期与不定期相结合的原则，即班组的上级部门采用不定期检查方式，班组内部采用定期检查方式，充分发挥内外检查职能，促使员工自觉遵守工艺要求，确保产品质量。

企业应建立针对班组的工艺纪律检查体系，制定详细的检查内容。工艺纪律检查表如表 5.1-1 所示。

班组：

表 5.1-1　工艺纪律检查表

×××× 年 ×× 月 ×× 日

序号	检查项目	主要内容	抽查方式及扣分办法	应得分	扣分	备注
1	工艺文件	工艺文件在现场能方便地获取，现场工艺文件是最新状态，现场工艺文件齐备	缺少 1 项扣 1 分，缺 3 项及以上者，扣 10 分。生产现场工艺文件不清楚、有明显错误、随意涂改，发现 1 处扣 1 分。工艺文件按规定程序签署方能执行，发现 1 处扣 1 分，工艺文件签署不全等，发现 3 处及以上，扣 10 分	15	1	
		现场工艺文件正确、完整、清晰并受控				
		工艺文件按规定程序签署完整方能执行，不得随意修改				
		产品按照工艺文件生产				
2	工艺执行	操作人员了解产品特性、质量要求、检验和评价方法	检查各工序是否按文件执行，不按工艺规程操作，1 项扣 2 分。抽查原始记录，无原始记录或无检测手段，缺少 1 项扣 5 分，缺少 3 项及以上者扣 20 分	20	10	
		严格按工艺规程操作，记录真实并符合工艺要求				
		合理使用工装				
		与质量直接有关的设备满足工艺要求				
		使用工装前对其进行检验，工装使用完毕后清洁干净并送回工装库				
3	过程控制	严格执行自检制度，并做好记录	抽查 3 级检验及首检记录，记录不规范的，每项扣 3 分。查出 1 项无检验记录的（制度规定要有记录的），本项记 0 分	15		
		用量、检具检定、校准合格，使用正确				
		自检后成品、废品隔离存放				

（续表）

序号	检查项目	主要内容	抽查方式及扣分办法	应得分	扣分	备注
4	工艺装备	生产过程中的工装应符合工艺规定；使用方法正确，维护保养情况应良好	使用的工装等符合工艺规定。检查工装的放置及防护情况。抽查工装是否符合工艺要求，工装是否经过验证合格。检查是否有超期未检和使用不合格的工装。设备有定期检查记录及标志完整、清晰。每处不符合扣2分	20	2	
		工装等放置应整齐				
		工装、压力机、其他生产设备应经常保持精度和良好的技术状态，满足生产技术需要				
		计量器具、检测装置应呈持周期检定，保持精度合格，标识清晰				
		设备应按要求进行定期检查，保养并做好记录				
5	工作现场管理	生产、作业环境良好、拥有便利、安全和整洁的操作平台和空间	每条不符合扣1分。发现使用不合格的材料、不良品无标识或混放，本项记0分	15		
		技术文件和工作场所整齐、整洁、道路畅通				
		不良品或待处理品应隔离放置，不得随意摆放、混清摆放，并应有明显的标识				
		材料、半成品流转过程的标识明确，对特殊材质产品保护到位				

（续表）

序号	检查项目	主要内容	抽查方式及扣分办法	应得分	扣分	备注
6	人员管理	操作人员特别是关键工序的操作人员，需经过培训和考核，有资质要求的岗位应有相应的上岗证 操作人员应明确工艺规程或作业指导书的要求，熟悉操作规范和日常设备保养规范	若有新员工，抽查其是否已进行岗位培训和教育，能否满足本岗位的需要。到生产现场向操作人员了解情况，判断其是否符合要求。抽查新员工实际操作是否符合工艺规程要求。每处不符合扣2分	15		
总计				100		
实际得分				87		

检查人员：

企业通过规范化的纪律检查程序和工具，能确保四星班组的工艺纪律执行水准。班组长、质量检验员也需要在生产过程中，对班组生产工艺进行检查，并得出考核结果。

更重要的是，通过类似检查，企业可以向班组成员传达必要信息，即任何人不得片面追求产量而不顾质量，没有得到上级的明确修改指示，不得私自变换工序和改变工艺规程。

唯有站立在坚实的工艺纪律基础上，四星班组才能成为真正的优质班组，成为企业生产一线的"明星"。

5.1.2 明星班组创建活动的实施

新益为在帮助企业开展创建星级精益班组的过程中，经常会发现一些误解。企业里总有人认为，精益班组就是要把员工管得更"死"、约束得更"规矩"。也有人认为，精益班组就是为了管好资源的使用，更大程度地降低成本。其实，这些误解都不同程度地体现了传统的落后管理思想与精益管理思想之间的差距和矛盾。

在传统管理思想中，班组管理只有"物"不见"人"，管理者即便谈论员工，也将他们看成一种"资源"。这就导致班组管理只强调自身生产效率，忽视人性需求。这样的班组管理思想，并不能适应当今社会的发展需要。

在四星班组建设过程中，企业必须加强班组以人为本的文化建设，使员工从班组建设中获得尊严和荣誉感，成为某种意义上的"明星"。这样他们才会有真正的动力，投入班组精益生产和管理中。

1. 明星班组的定义

明星班组建立在三星班组的基础上，是真正有凝聚力、高效率的班组团队。这样的班组，其绩效远大于其中个人绩效的总和。相较于普通班组，明星班组强调自我管理、有序管理，真正实现了精益化。

在明星班组管理过程中，企业应更重视成员的互补性，而非要求千人一面。明星班组的精益目标与策略制定，需要全体成员的参与，并确保清楚明确且公开透明。同时，班组成员也将一起选择努力方向和途径，分享目标达成的喜悦，共同承担没有达成的责任。

2. 明星班组创建活动的实施步骤

班组文化是企业文化的重要组成部分，企业精益活动必须落实到班组层面。开展明星班组创建活动，是四星班组走向成熟的途径，也是推进精益班组建设进程的重要举措。

为了做好明星班组创建活动，企业应具体采用以下步骤。

（1）明确创建主体。企业应首先对有资格报名参与创建的班组，提出具体的要求，如是否已达到三星精益水平，是否实现了规定的精益改善目标等。此外，企业可根据班组的工作性质对其进行分类，如生产类、服务类班组等，不同班组可考虑选择不同分类报名参与活动。

（2）颁布创建标准。具体的创建标准能让活动评选出的明星班组更有说服力、更有代表性，也更容易被整个企业所接受。企业应围绕班组的队伍建设、工作业绩、文化建设、创新改善等维度，对班组进行评价。同时，企业应针对不同班组的工作性质，制定不同标准。例如，针对生产类班组，要以操作标准化为主要标准；针对研发类班组，要以精益创新为主要标准；针对服务类班组，要以保障能力和服务质量为主要标准。

在颁布标准的同时，企业还应及时发布否决项，出现其中任何一项现象者，取消班组的明星评优资格。例如，工作中曾发生和班组职责有关的安全责任事故，或出现违纪违规现象等，都应列入否决项中。

（3）宣传动员。企业应召开专题会议，成立专门机构，对明星班组创建活动进行宣传动员。例如在内网上发布专栏，介绍活动开展情况；定期组织召开班组建设研讨会，交流分享各种优秀经验与做法。

（4）培训提高。企业应积极组织开展培训活动，将有资质的班组团队纳入培训中。通过培训，企业可提高班组全员参与明星班组创建活动的积极性，借机提升其整体业务技能。

（5）考核评比。对参与活动的班组，企业应按季度对照明星班组评价细则，进行定期评价。每季度得分的总和，作为年度明星班组评比的主要依据。获得"明星班组"称号的班组，给予奖励，其成员直接获得企业年度明星员工的评选资格，并优先考虑职务晋升和聘任的资格。

5.1.3 精益四星班组评价

四星班组的出现并非一蹴而就，也并非单纯向班组成员说明规定、知识，就能轻松实现的。四星班组的建设，必须经过企业内、部门间、班组间的长时间持续推进，才能将精益知识转化为精益效果。

通常，大部分企业的班组精益管理项目，在开展的第三个年头，才能进入真正的四星班组评价期。班组前期通过班组精益管理项目，奠定了良好坚实的基础，只有通过内外评价，才有可能迎来四星乃至五星的飞跃。

1. 四星班组的评价基础

企业在评价四星班组之前，应确保该班组已进行过一、二、三星的辅导和评价，并取得成功。在这些阶段，班组已经过了团队构建、目视化管理、提案改善、6S 管理等现场改革工作，每个成员都具备了良好的纪律性、强大的执行力。这样，这些班组才有资格进入班组管理模式优化的下一环节，创建企业内的明星班组管理模式，成长为优秀标杆。

2. 四星班组的评价准备

在进行四星班组评价之前，企业相关职能部门需要对有资质的班组进行引导，打通上下级之间存在的认知隔阂。这样的准备，也是四星班组建设活动与之前的班组建设活动的重要差异。四星班组的评价准备如图 5.1-1 所示。

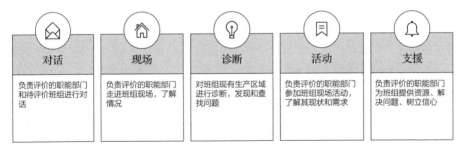

图 5.1-1　四星班组的评价准备

在四星班组的建设中，企业领导层不仅应作为评价者出现，同时也应为明星班组提供成长的动力。班组在这一阶段的成长过程中，应通过评价前的积极准备形成有效的系统化成果，以供企业内部复制和推广，帮助更多班组获得成长经验。

3. 四星班组的评价内容

在四星班组的评价过程中，企业应通过开展争创活动、升级竞争机制，打造明星班组。

在具体评价时，企业应围绕班组全员对设备、安全、质量和成本的管理，提出更高要求，以检验之前 3 个星级阶段的建设成果。

企业对四星班组评价的落脚点，并非是单纯检查员工的执行能力或班组长的管理能力，而在于检验四星班组是否从整体上形成了精益运行的流程，是否具备了精益成长的内在动力。只有做到上述两点的班组才有资格被称为"明星班组"。

5.2 现场设备维护管理

现场设备是班组精益运营的硬件基础。现场设备维护管理的水平不断提升，会帮助四星班组赢得更多的成长空间。

5.2.1 设备五定供油法

对设备的润滑保养与供油，是班组现场设备维护管理的重要内容。做好设备供油的管理工作，确保日常润滑管理工作规范化、制度化，能保证现场设备维护管理工作的质量。

在长期实践中，众多精益班组总结出了设备润滑管理的五定供油法。通过五定供油法，班组可使设备润滑管理工作在机制、方法、技术要求上，充分实现制度化、标准化和日常化，得到明显的管理效果。班组坚持执行五定供油法，也能提高润滑管理的效率和设备维护保养的质量水平。设备五定供油法如图 5.2-1 所示。

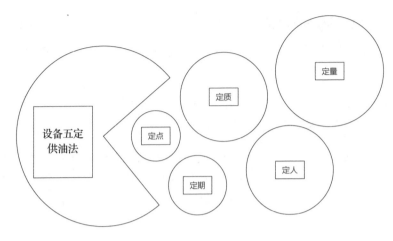

图 5.2-1　设备五定供油法

设备的润滑保养与供油，应遵守定点、定质、定量、定期和定人的要求，具体内容如下。

①定点。班组应根据润滑图表或设备说明书上指定的部位，确定检查点、润滑点，进行加油、添油、换油；操作结束后，还应检查设备的液面高度和供油情况。

②定质。班组应在润滑保养与供油之前，先确定润滑部位所需油料的品种、品牌，确保油料质量合格。如需采用代用材料，应有具体依据，并经班组或部门管理者的批准。润滑装置和器具应符合标准，确保清洁完整，防止油料被污染。

③定量。班组应依照规定数量，对各设备的各个部位进行日常润滑，同时做好加油、添油、清洗、换油时的数量控制和废油回收，以及设备治漏防漏等工作。

④定期。班组成员应按润滑卡片上规定的间隔时间进行加油、添油和换油，并按规定时间抽样化验，根据结果确定是否清洗、换油或循环过滤，以确定下次抽样化验的日期。

⑤定人。班组应按润滑保养与供油的分工规定，明确由班组内具体岗位的人员负责加油、添油、清洗、换油或抽样化验等不同的工作。

在班组中，不同设备的五定供油法的内容是不同的。为此，班组内相应的工作职责，应根据设备使用说明书，由负责润滑保养与供油的具体人员加以制定、分配并监督落实。为便于管理，班组长还应协同设备管理部门，编制设备五定供油管理规范表，具体规定设备类型、部位、用油品种、加油和换油周期、加油装置、负责人等，形成班组设备润滑保养与供油作业的工作规范。

5.2.2　设备故障的预防

在未能达成四星班组水平的企业内，精益管理思想尚未深入人心，许多员工都对设备故障现象有以下错误的想法。

"设备坏了，是自然现象。"

"设备出故障，肯定要找设备制造厂家。"

"设备有一点小毛病，没事，先继续生产。"

"设备就应该谁都能用好！"

…………

正是这些错误的想法，影响了星级班组走向更成熟的阶段，也影响了精益班组文化的建设。

班组若想做好设备故障的预防工作，必须以精神改变物质，先建立科学先进的思维方法，然后再形成良好有效的要领并加以运用。

1.　思维方法

班组全体成员都应认识到，设备虽是机器，但也有寿命、有状态。与其在设备发生故障后停工检修维护，不如在日常工作中就做好点检、保养、清扫工作，预防故障。因此，通过班组全体成员的努力，维护设备的健康运转，是有必要且有价值的。

2.　设备故障的预防要点

设备的某个结构或零件的尺寸、形状或材料出现问题，导致设备不能完美地实现预定功能，即为设备故障。

为更好地预防设备故障，首先应认识设备故障产生的原因，再总结对应的预防要点。

（1）了解设备故障产生的原因。设备故障产生的主要原因，除去设计和制造等方面的原因外，与班组关系最紧密的有以下几点。

①安装原因，如零件配置错误、混入异物、机械或电气部分调整不良、漏装零件、液压系统漏油、机座固定不稳、机械安装不水平等。

②使用原因，主要包括环境负荷问题、工作条件问题、误操作和违章操作、使用时间过长、缺乏润滑、零部件磨损、设备腐蚀、零部件松动或脱落等。

③维修原因，主要包括未按规定维修、维修质量问题、未更换零件、故障部位不明、设备带病运转等。

（2）掌握设备故障的预防原则。班组对设备故障的预防节点，主要出现在设备使用前和设备运转时。

设备使用前，班组应通过设备管理部门获取设备使用说明书，掌握一般的使用方法；也可以联系设备制造厂家，学习点检、保养的要领，掌握故障处理方法。在学习过程中，班组还应准备好保养设备所需的材料。

设备运转时，班组应要求成员积极遵守操作规程，通过清扫发现微小缺陷。同时，班组成员应根据规定的设备日常点检表，每天进行点检，发现异常后，能根据操作手册进行处理。

3. 设备故障的预防操作

班组应将设备故障的预防操作纳入日常工作流程中，通过明确具体的操作步骤，保证操作人员即设备故障的预防者。通过养成习惯、遵循流程，无论班组成员和班组长是否更换，都能确保四星班组整体设备故障预防工作的高水准。

（1）基本条件整备。基本条件整备是设备故障预防的主要操作步骤，其中包括对设备的清扫、加油、紧固、点检等维持和改善工作。

基本条件整备可防止设备的劣化。这是因为班组设备的劣化大都是工作环境中的锈迹、污垢、漏油现象、灰尘等造成的，从而形成故障。为杜绝故障，就做到基本条件整备。

基本条件整备主要包括以下工作。

①紧固螺丝螺帽，避免零部件松动或脱落。

②完全排除污垢、灰尘，对潜在缺陷进行表面化清扫。

③及时供油、润滑，避免设备过度磨损。

④点检设备各部位，及时发现并处理异常。

（2）遵守使用条件。班组不应片面追求产量的短时期提高，而过度使用设备。从长期来看，这种违规操作只会缩短设备使用寿命，导致结果得不偿失。为确保设备零故障，班组应严格遵守设备本身的使用条件，例如转速、负荷、电压、温度、湿度、操作技能等。当班组严格遵守这些条件时，设备就会很少发生故障。

（3）预防维护。在班组的长期生产工作中，即便设备使用符合条件，劣化、故障也可能发生。因此，班组需加强预防维护，做好日常检查检验工作，使隐患明显化，以完成设备的日常维护工作。

（4）改善弱点。少数设备确实存在设计、生产、施工阶段的技术力量不足或差错等缺点。因此，班组需要认真对此加以分析，改善设备存在的缺点，不断从根本上对限制设备正常工作的问题加以去除改进，以实现设备的零故障。

当然，能否做好设备的预先检查维护工作，实现零故障管理，取决于班组内的员工。在很多情况下，即便是精益管理水平已达到三星的班组，还是会出现诸如操作差错、修理差错等问题。为避免这类问题，班组最终还是需要加强培训，提高员工的技能水平和维护意识。

5.2.3　建立 OEE 指标

OEE（Overall Equipment Effectiveness，设备综合效率）指标是精益班组管理的重要内容，也是明星班组的评价标准。OEE 指标是设备管理硬件和软件的综合评价指标，是一种严格的设备总体性能的衡量标准，它能揭示时间浪费存在于哪里，统计各种时间浪费，运用目的在于实现改进设备使用方式。

从硬件作用上看，OEE 指标能帮助班组避免设备效率低下带来的各种损失，通过保养和改善活动，确保设备的高效运转。从软件作用上看，OEE 指标可以健全班组的自主保养设备的活动，提升员工保养设备的意识，产生一定的长期效果。

1. OEE 指标的定义

OEE 指标的计算公式如下。

$$OEE = 时间开动率 \times 性能开动率 \times 合格品率$$

其中，时间开动率相当于设备的"出勤率"。性能开动率可以用于判断设备的作用发挥效果是高效还是低效。而合格品率，则可用于判断设备"工作结果"的有效性。

（1）时间开动率。该指标以停机时间体现设备运行状态。在统计时间开动率时，应严格区分设备计划内停机时间和计划外停机时间。

计划内停机时间包括日常维护保养时间、交接班时间、一级保养时间、换模试模时间、计划维修时间、达产的停机时间、其他计划中规定的时间等。计划外停机时间包括故障时间、工艺调试时间、待料时间和其他计划外的停机时间等。

班组应通过减少并控制计划外停机时间，提高时间开动率。

（2）性能开动率。该指标主要以设备的性能和速度体现设备运行状态。性能开动率越低，说明设备故障停机时间越多，可靠性越差。

班组在统计性能开动率时，应确定设备的理论周期时间和实际周期时间。这两者之间的差距得到有效缩小，班组才能真正提高设备的性能开动率。

（3）合格品率。该指标主要以设备的生产精度反映设备的运行状况。合格品率低，或因为该设备不适用于该生产活动，或是因为设备经过较长时间的运行，都会造成设备精度降低。合格品率的计算公式如下。

$$合格品率 = （生产产品数 - 不良品数）÷ 生产产品数 × 100\%$$

在不同班组中，设备的时间开动率、性能开动率、合格品率，都会因为产品、设备和班组管理的特征不同而不同。例如，机器故障率提高，时间开动率就会降低。同样，设备短暂停机次数增加，则性能开动率也会降低。只有三者数值都增大，OEE 指标才会提高。

2. OEE 指标的管控提升

OEE 指标的管控提升是提升班组设备利用效率的关键工作。当班组精益管理水平已有一定基础时，即可展开 OEE 指标的管控提升活动。通常情况下，这一活动应在班组升级到四星后随即开展。

（1）现场调研分析。班组实施 OEE 指标管控提升活动，首先应对班组的整个生产系统进行综合调研。调研范围既包括班组的生产设备系统，也包括物资配送、存储等有可能利用到的设备系统。企业根据通过现场调研掌握的情况进行诊断分析，识别 OEE 指标提升瓶颈。

除现场调研外，班组也应对关键系统设备的生产历史报表、检修档案等进行分析，确定优先进行 OEE 指标管控提升的系统设备。

（2）设计 OEE 指标管控提升方案。针对班组优先管控的系统设备，设计具体的 OEE 指标管控提升方案。方案应包括以下内容。

①确定 OEE 指标管控提升的设备清单。

②各设备的 OEE 指标测量值。

③各设备的 OEE 指标测量日报表、旬报表、月报表。

④各设备现场数据采集规则。

（3）现场 OEE 指标测量。班组应对关键系统设备，进行现场 OEE 指标测量。测量需在精益咨询机构、部门领导者、班组长和班组成员的充分参与下进行。根据测量结果，填写 OEE 指标测量报表。

在传统的精益改革中，OEE 指标数据的获取，大都采用人工收集的方式，但可能因为记录不准确或者收集处理时间过长，而导致数据缺乏实时性和有效性。新益为建议，可通过系统实时采集设备的运转、待机、停机状态，并利用安装在设备上的终端适配器，反映设备的维修状态；然后用数据线将信号通过远程控制模块处理后传递到系统主机上，并根据系统设定的班组、设备、人员、组织归属信息，对信号进行实时处理，从而形成准确全面的数据信息体系，使生产现场的情况一览无遗地反映在系统界面上。

（4）计算 OEE 指标。根据 OEE 指标的数据采集规则，由班组长对现场测量得出的数据进行综合计算分析，包括剔除其中不正常的小概率数据，分析其他数据是否呈正态分布，并进行科学地校正。根据校正后的结果，进行 OEE 指标数据加权处理。

班组可利用事先设计好的计算表，对 OEE 指标数据进行计算。

对 OEE 指标的计算，要应用在班组内的一台机器上，或应用在可视为一台机器的生产线上，但不能应用在整个班组的生产线上，否则将会失去意义。

（5）OEE 指标的综合诊断。利用 OEE 指标的计算结果，班组应与先进的同类班组进行对标，分析自身设备存在的停机损失、换装调试损失、暂停损失、减速损失、启动损失、质量损失等不同类型的损失，以发现班组设备有关浪费发生的根本原因。

3. OEE 指标的管控提升策略

班组应分析和诊断班组设备系统的损失类型和浪费原因，发现主要的影响因素，设计不同的改善方法和策略，对 OEE 指标加以管控提升。

管控提升策略的主要内容如下。

（1）班组设备管理、工作组织制度的完善。

（2）对关键工艺规程和工作流程进行优化。

（3）提高工作考核标准。

（4）提升员工技能素质。

（5）实施技术创新，推进改革项目。

在 OEE 指标的管控提升过程中，班组必须确保设备处于正常工作状态，避免对设备使用状态进行美化，更不能人为造假，篡改测量数据。此外，班组也不能纯粹以历史上的报表数据为依据，要对 OEE 指标的测量计算和传统生产报表中的 OEE 指标的测量计算加以区分。

5.3 质量、安全、成本管理

质量、安全、成本，是班组管理的重头戏。在四星班组中，班组长不能满足于质量、安全、成本的表面成绩，而要深入挖掘、不断改善。

5.3.1 质量课题改善

质量课题改善，对班组的成长而言是永无止境的。质量不应是挂在嘴边的空泛概念，也不意味着班组工作中永无止境的挑废品、改废品行为。质量课题改善应该排在班组主动改善项目清单的前列。

质量课题改善主要以 QCC 活动形式开展。

1. QCC 活动及其原则

QCC（Quality Control Circle，品质管理圈）活动是指在班组等同一生产或工作现场的人员，对现场生产或工作中的问题加以改善的活动。

通过 QCC 活动，班组能保证和改善产品质量、减少损耗、提高效率，也能强化员工的知识技能和质量理念。

班组在开展 QCC 活动时，需明确坚持自愿参加、上下结合、实事求是、灵活多变的原则。

QCC 活动的开展应出于班组成员的自主性。班组长应通过积极号召，让所有成员意识到，整个班组将从 QCC 活动中获得产品质量提升的效果，每个人也能从中获得参与感、成就感和满足感，他们将因此自愿参加、上下结合。来自管理层的组织、引导与启发，和员工的自觉性充分结合，可推动班组的 QCC 活动顺利开展。

由于企业、部门和班组的特点不同，在开展 QCC 活动时，其具体形式可以灵活多变。例如，可以在部门内开展跨班组的联合 QCC 活动，也可以跨部门组织 QCC 活动。灵活利用各种形式可以让 QCC 活动更有针对性、效率更高。

2. QCC 活动开展工具

为确保 QCC 活动的效果，班组应提前将具有针对性的措施或方法，纳入 QCC 活动的工作标准、工艺规程或管理标准中，并载入企业活动有关标准或文件中。QCC 活动开展可使用的工具如表 5.3-1 所示。

精益班组管理实战

表 5.3-1 QCC 活动开展可使用的工具

工具	定义	用途	注意事项
查检表	是一种利用表格对数据进行整理和初步分析原因的工具，即将数据整理或工作的结果以简单符号填记，进行统计整理，并进一步分析或检查核对工作是否异常	1. 明确样本调查设计方案 2. 使目标始终保持明确 3. 保证工作进度 4. 作为资料分析记录和检查记录存档	1. 数据收集要以事实为基础，必须真实 2. 查检表力求简单，容易执行 3. 查检顺序先由现象着手进行查检，再逐步查找分析原因
柏拉图	依所搜集的数据，按其不良原因、不良状况等分类，从左至右依递减方式排列的长条图，每一长条代表一个原因。共有两条纵轴，左边为要因的次数或频率，右边为累计百分比	1. 可直观地找出重要的少数，辨识出最重要的问题，为改善计划的拟定及实施提供方向 2. 对改善前后效果进行对比，确认改善的效果	1. 条柱宽度要相同 2. 如果查检表内有项目数据较少，可以合并为其他项，其他项放置在柏拉图最后一项，无论这个项目占多少比率，一定要放在图形的最后。但柏拉图数据不应大于柏拉图最前面几项，否则便是分类上有错误，必须重新分析 3. 柏拉图最好是横轴有 5~7 项，前三项所占比率达到 70%~80% 4. 把改善前后的柏拉图做对比时，应注意改善后柏拉图左边纵轴要与改善前的最高次数做统一，右边纵轴的累计百分比数值也应做相应调整
特性要因图（鱼骨图）	是由多人共同讨论、采用头脑风暴的方式，找出事情原因或对策的一种图形。它主要用来说明质量特性、影响质量的主要要因与次要要因三者之间的关系，其形状就像鱼骨的分布，故又称"鱼骨图"	1. 过程改善、解析 2. 追查异常原因 3. 检讨作业标准 4. 教育培训及经验交流	1. 鱼骨图绘制完成后，应注明图的名称、完成日期、绘制者等 2. 鱼骨图原因分析中只挑 4~6 项为要因（选 80% 重要者） 3. 至少要有 4 根大骨，每根大骨有 3 根中骨，每根中骨有 2 根小骨。因此，一个特性要因图具有 24 个小原因，且这些原因都不能重复

（续表）

工具	定义	用途	注意事项
散布图	在研究两个变量之间是否存在相关或依赖关系的时候，常会用简单线性关系来进行检验的方法，此时散布图就是基础的统计分析方法。是一种把研究成对出现的两组数据之间相关系的图示技术	1. 可用来发现两者间的相关性与其预期数据 2. 依据相关程度的呈现来判断变项与程度间的强弱相关程度 3. 两个变项可能存在函数、相关、不相关等形态	1. 避免资料的同质性，即将两个不同的群体放入散布图中进行分析，会导致问题产生其明显的了解，避免产生过失差却视而不见，避免为统计而统计 2. 制作出散布图后，应针对散布图的散点分布两变量之间是否存在某种正负相关性、或针对异常点（离群值）进行原因分析
直方图	又叫柱状图，由一系列的矩形（直方柱）组成，是展现规定量数据分布情况的一种工具。它将一批数据按取出底，大小划分为若干组，在横坐标上将各组频数做直形，将已落入该组数据的频数或频率作为矩形的高	让庞大而杂乱的数据，变得更系统、更有条理，并通过图形的呈现，可直观地判断出数据的分布情况和发展趋势	直方图适用于连续性的资料，柱形之间没有空隙
亲和图	把大量收集到的事实、意见或构思等语言数据，按其相互亲和性（相近性）归纳整理这些资料，使认识统一，求得问题解决的一种方法	1. 用于掌握各种问题重点、想出改善对策 2. 用于市场调查和预测 3. 用于研究开发、效率的提高	1. 按各因素之间的相似性分类 2. 不适应快速找线找准的问题和简单的问题
矩阵图	从问题事项中，找出成对的因素群，分别排列成行和列，找出其间行与列问题点以及探讨问题点的一种方法	1. 用来明确质量要求和原料特性间的关系 2. 用来明确质量要求和制程条件间的关系 3. 用来明确制程条件与质量间的关系	能在短时间内获得有关构想和资料，所以可用于快速寻找要素、关系等

（续表）

工具	定义	用途	注意事项
PDPC法	PDPC法（Process Decision Program Chart），又叫过程决策程序图法。所谓PDPC法是针对为了达成目标的计划，为了完成某个任务或达到某个目标，在制定行动计划或进行方案设计时，预测可能出现的障碍和结果，并相应地提出多种能应变计划的一种方法	1. 方针管理中实施项目的计划拟订 2. 重大事故预测及防止 3. 新产品、新技术的开发主题的计划决定	1. 不是从局部，而是从全局，因而可作全局性判断，整体掌握系统的状态 2. 按时间先后掌握系统的进展情况 3. 把握信息及时，可不断对计划措施进行补充、修订，PDPC图不是一成不变的
关联图	就是把关系复杂而相互纠缠的问题及其因素，用箭头连接起来的一种图示分析的工具，从而找出主要因素和项目的方法	1. 用于纷繁复杂的因果纠缠分析 2. 用于现场问题的掌握 3. 用于方针管理的展开	1. 原因查找从人、机、料、法、环、测等方面考虑 2. 针对找到的原因排序时适当调换位置 3. 中间关键因素也要作为主因对待
系统图	就是为了达成目标或解决问题，以"目的—方法"或"结果—原因"层层展开分析，以寻找最恰当的方法和最根本原因的一种方法	1. 用来明确部门职能、管理职能 2. 用来目标、方针、实施事项的展开 3. 用来新产品研制过程中设计质量的展开	1. 系统图也适用于生产管理外，还可用在日常管理工作中 2. 针对改善对策可以进行有效评价，从实效、实现性、等级考虑

利用上述工具开展 QCC 改善活动时，应注意以下几点。

（1）注意开展工具的客观性，开展 QCC 活动的出发点应真实可靠。

（2）注意开展 QCC 活动的时间，起止时间至少应有一端能被开展的相关改善活动开展时间所覆盖；如果与质量改善活动的开展时间相距太远，改善结果就会变得不准确、不可靠。

（3）改善的对象，必须是主要的质量问题。

3. QCC 活动推动质量课题改善的步骤

质量课题改善在组成 QCC 后，从改善课题选定开始。品管小组不断运用统计、调查、分析等方法，配合品管圈成员的"头脑风暴"，以科学方式和团队精神，发现并解决问题。

QCC 活动推动质量课题改善的步骤如表 5.3-2 所示。

表 5.3-2　QCC 活动推动质量课题改善的步骤

工作阶段	序号	工作项目	主要内容
准备阶段	1	QCC 现状诊断	诊断报告
	2	成立 QCC 活动推行委员会	QCC 活动章程建议推行委员会成员名单
	3	基础培训	QCC 方法培训统计方法培训
实施阶段	4	QCC 选题理由	选题检查表
	5	QCC 课题选定	课题的决定
	6	QCC 注册登记	QCC 登记表
	7	制定 QCC 活动推行计划	活动计划表、主要作业流程图
	8	现状调查、发掘问题	现状调查表
	9	目标确定	目标柏拉图、目标直方图
	10	原因分析	特性要因图、系统图、关联图
	11	原因验证	原因验证分析统计表
	12	制定对策和实施计划	对策实施计划表
	13	对策试行、检讨对策	对策验证分析统计表

（续表）

工作阶段	序号	工作项目	主要内容
实施阶段	14	实施	实施计划及过程记录
检查阶段	15	效果检查	社会效益、经济效益总结分析
	16	巩固措施和标准化	制定作业标准、规范
	17	总结及下一步打算	遗留问题的提出
总结阶段	18	QCC 活动记录汇总	会议记录、培训记录、改善措施等各项原始记录
	19	QCC 活动成功报告编写	QCC 活动成果报告论文
	20	成果发表交流	使用 PPT 投影讲解交流

按照上述步骤，班组可对找出的质量问题的原因加以分析，调查其中存在的主要影响要因并制定对策，从而解决质量问题。班组重复上述步骤，制定管理要点，形成标准化操作，质量课题的改善程度就能不断深入。

5.3.2 安全活动实施与优化

班组安全活动是企业安全管理的重要形式，也是班组建设不可或缺的环节。通过开展安全活动，班组能增加员工的安全生产的相关知识、增强安全防范意识，在潜移默化中营造班组的安全生产氛围，降低主观疏忽导致事故的可能性。

在班组中，常见的安全活动实施方式是 TWI。正确运用 TWI，能促使安全活动顺利进行，并达到预期效果。

1. TWI

TWI（Training Within Industry，督导人员训练）是一套基层管理人员设计的成熟课程，被很多制造型企业所采用。

20 世纪 40 年代，美国国内工厂中许多熟练技术人员和管理人员离开工厂，导致工厂中只有许多技术不纯熟的员工。在这种情况下，如何保持企业产品品质不下降，同时确保生产安全，是美国企业需要解决的问题。经过多次研究和实践，TWI 横空出世，获得了良好的成绩。

TWI 不仅能应用于班组的安全活动，还能应用于教育训练、工作改善和人际关系改善。相较于传统的班组活动，TWI 针对现场问题和实习素材，促使员工进行讨论和实际操作。在 TWI 中，比起员工的"应知"，班组需更重视他们的"应会"，即强调高度的定性化、标准化，突出教育结果的可复制性。因此，TWI 在安全活动领域的应用尤其重要。

2. TWI 安全活动

"安全第一、质量第二"，对班组而言，安全是至关重要的。对班组长而言，安全是其角色职责的"一个中心"，而专业知识、职责履行能力、领导能力、教导方法和改善技巧，则是围绕安全的"五个基本点"。只有做到安全生产，班组才能安心，避免人员情绪不稳定引发的事故、制程问题导致的不良现象和机械问题引发的故障。

在开展 TWI 安全活动时，应注意以下几点。

（1）理解安全控制的重点和方法。安全控制的重点在于生产现场经常出现事故的问题点。通过开展 TWI 安全活动，班组长向成员指出问题点，带领他们完成控制方法的革新。班组成员需经历不愿做到第一次做，再到主动做的过程。

安全控制的方法在于树立安全作业标准，并对班组成员加以普及、培训、演练和检查，确保逐步落实。

（2）划分安全控制的阶段。安全控制活动共有 4 个阶段，包括思考、确定、实施和检讨。

①班组长带领班组成员，思考可能导致事故发生的要因。在观察现状和制定调查记录的基础上，班组长应通过询问、观察、探求生产现场物品和人的状态，对照规则，保持安全意识，以预见安全事故的潜在危机，进行更深层次的探求。

例如，思考生产过程中存在哪些安全隐患，可能会发生什么事故，如何预防；查验工作中使用的设备、工具、材料是否符合安全要求，工序上有无事故隐患，如何排除；本岗位的操作是否会影响设备安全和其他人的人身安全，如何预防。

②班组成员整理要因，思考要因之间的关系。例如，班组成员可以相互请教讨论，确认方针、规则、基准，确定次佳和最佳对策，并检讨与自身相关的原因。

③实施对策。实施对策前后，班组成员应重点分析对策是否应由自己独立完

成、是否需要向上级汇报、是否需要他人协助、是否应立即付诸行动。

④检讨结果。实施对策后，班组应继续检查安全情况，以确认对策是否得到有效执行。

总之，班组在 TWI 安全活动中，应严格遵守安全要求、工艺规程、劳动纪律，确保生产现场的安全性，稳定、持续、高效地创造价值。

5.3.3　成本课题改善

班组精益管理，无论是生产、质量、物料、设备、安全管理，最终都需要落在效益管理上。效益是企业的生命线，也是班组成长奋斗的目标。为了提升效益，班组必须动脑筋、想办法，进行成本课题改善。

成本是生产和销售产品所需要的全部费用。在班组中，有效控制成本、减少支出，是最直接、有效的提高效益的途径。四星班组应通过成本课题改善，充分动员和组织全体成员，在确保产品质量的前提下，对班组生产经营过程中的各个环节，进行科学合理的管理；在不违背法律法规、不影响客户满意度、不损害员工利益、不影响技术进步的前提下，以最少的生产成本，取得最大的经营效益。

1. 成本课题改善的内容

成本课题改善不仅关系到班组实际生产过程，也与其日常经营的各个方面密切相关。其主要包括以下内容。

（1）生产成本。生产成本包括材料费、机械设备消耗、人工费等，这些成本是对生产运营最直接、最具体的支持。

（2）资源消耗。在班组生产运营中，不同的资源消耗都会产生成本。班组开始成本课题改善前，应主要针对生产任务计算工作量，编制资源消耗的预算；然后结合预算，对生产工艺流程进行改善，尽可能减少资源的消耗。

（3）科学分配生产任务。班组生产任务是集体目标，为了科学完成集体目标，就要对之进行科学分配。在班组中，设备的使用程度、原材料的消耗速度，在短期内是很难改变的。班组必须通过科学分配生产任务，对班组成员、工序和工作内容进行优化组合，这样才能尽快最大限度地降低成本。

（4）重视分析。班组全体成员都应将成本费用放在较高的关注级别，优先将成本和生产目标联系在一起，尽可能通过节能等手段，进行成本课题改善。一旦发现成本与预算有偏差，班组就应投入分析，找到问题所在，及时调整更正对象，将成本恢复到合理范围内。

2. 成本课题改善的方法

成本课题改善是班组内各员工在实施不同活动过程中所衍生出来的结果。然而，不少班组长在削减成本时，可能会损害产品或服务的质量，导致企业利益受损、客户流失。班组长在生产现场开展成本课题改善活动时，应主要通过以下管理方法，实现成本的合理下降。

（1）提升班组质量。班组质量包括产品和工作质量，通过提高班组质量，生产过程会更为顺畅。由此，产品的合格率将升高，设备的维修率将下降，交货时间也将相应缩短，进而减少资源损耗，从而有效降低成本。

（2）提高班组生产效率。由于班组生产效率提高，在不影响生产情况下，生产线上的人数就会减少，而成本也将随之降低。

（3）减少现场库存。班组生产现场库存增加会导致生产周期延长，搬运成本增加，总成本大幅增加。因此，班组长应协助相关人员，寻找减少现场库存的方法。

（4）缩短生产线。在班组生产中，生产线越长，将需要更多员工、产生更多半成品，从而形成更长的生产交付期，这些都将增加班组生产成本。在操作上，生产线越长，发生错误的概率也越大，间接成本也会增加。为降低成本，班组有必要缩短生产线。

（5）减少设备停机时间。当班组内设备停机时，生产必然中断，导致生产成本增加。当设备恢复正常后，班组又会为缓冲停机损失，增加产量，导致库存增加，产品质量也难以得到保障。为此，班组必须有意识减少设备停机时间。

（6）提高空间利用率。普通班组往往很少有人重视空间的浪费，但实际上，空间也会导致成本增加。例如，当空间增大后，物流距离增加，运输成本也会随之增加。为此，班组可以使用输送带等方式，将工序尽可能并入主线，提高空间利用率，降低生产成本。

（7）优化作业流程。班组现有的作业流程中存在很大的改善空间。只要班组长善于改进作业方式、设备布局，就能优化作业流程，并不断提高作业生产效率，从而降低成本。

5.4 班组效率、价值流与计划管理

班组的工作业绩最终体现为交付实施与管理后的输出成果。四星班组在相关领域的管理上，也应有与众不同的改善措施。

5.4.1 线平衡状况改善

正如"木桶效应"所指出的那样，班组的生产能力，由其能力最弱的工序决定。工序之间效率差别越大，则整条生产线的能力越不平衡，生产线的效率损失就越大。为提高班组生产线的整体效率，班组必须实现线平衡。

1. 线平衡状况分析

班组着手分析之前，应首先了解线平衡的定义。线平衡即依照流水线作业的工序，根据生产目标算出周期时间，将作业分割或者结合，使各道工序的负荷均匀，以提高生产效率的方法。

用于分析线平衡状况的指标主要有以下几种。

（1）线平衡率，主要用于衡量生产线中各工序负荷是否均匀的比值。线平衡率的计算公式如下。

$$线平衡率＝各工序时间总和 ÷（人数 × 瓶颈时间）×100\%$$

线平衡率示意图如图 5.4-1 所示。

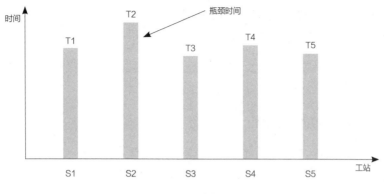

图 5.4-1　线平衡率示意图

各工序时间总和, 即流程中各工序所有动作的标准时间之和, 即 T1 + T2 + T3 + T4 + T5。其中, T2 属于瓶颈时间, 即一条生产线中能力最弱的工序所花费的时间。

（2）平衡损失率。平衡损失率, 用于计算平衡损失。由于瓶颈工序的存在, 前工序的生产能力超过瓶颈工序的生产能力, 会造成前工序由于工件积压而待工。后工序的生产能力也超过瓶颈工序的生产能力, 则会造成后工序因工件传递不及时而待料。

类似的工序之间生产能力不平衡, 造成待工待料而导致的工时损失, 称为线平衡损失。该部分工时损失占总工时的比率, 即线平衡损失率, 其计算公式如下。

线平衡损失率＝ 1 - 线平衡率

线平衡损失率示意图如图 5.4-2 所示。

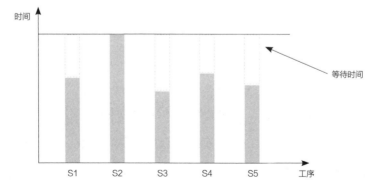

图 5.4-2　线平衡损失率示意图

在图 5.4-2 所示的线平衡损失率示意图中，S2 工序造成每个作业循环中的其他工序的工时损失相加，即生产线上工时损失的总和。

通过对线平衡状况进行分析，发现瓶颈工序和线平衡损失状况，班组就能找到改善空间、推动效率改善、提高员工和设备的工作效率。

2. 线平衡状况改善分析

班组通过改善线平衡状况，能提高员工和设备的工作效率、降低成本、增强自身在生产中的应变能力。在线平衡状况改善过程中，班组应综合应用程序分析、动作分析、规划分析、搬运分析、时间分析等方法，实现柔性生产，提高全员的综合素质。线平衡状况改善的分析步骤如下。

（1）线平衡状况改善准备工作。班组在进行线平衡状况改善之前，应完成以下工作。

①班组应正确地选择产品、了解流程。

②班组应准备好工具，包括作业时间记录表、秒表、观测工具、笔等。

③掌握现状，包括设定产能、实际产能、人均产能和单机台产能等。

（2）现场测量工时。班组应在生产现场先对工作方法和环境加以确认，再对工序进行分步骤的工时测量，并填表记录。最后，取值。

（3）制作平衡表。班组应利用现场测量数据，制作出平衡表。这一平衡表以柱状图形式对不同的作业时间进行排列，其中包括操作时间、走动时间和辅助时间。平衡表的作用在于对这些作业时间加以区分，帮助班组发现操作中的浪费，并予以消除，从而确定最简单、科学的作业顺序。

（4）分析改善机会。班组应通过对平衡表的分析，找到改善线平衡状况的机会。为此，班组需要注重以下原则。

①"不忘"原则，即不忘动作经济原则。动作经济原则，又称省工原则，是使作业能以最少的"工"的投入，产生最有效率的效果，达成作业目的的原则。

②"ECRS"原则，即对工序进行取消、合并、重排、简化。

③"5个方面"原则，即对加工、搬运、等待、存储和检验等方面的状况进行改善。

④ "5W2H" 原则，即利用 Why、What、Where、Who、When、How、How much 等提问，积极发现改善机会。

3. 线平衡状况改善方法

通过线平衡状况分析发现瓶颈工序后，企业可制定并实施改善方案，以消除瓶颈工序，提高生产线的整体效率。线平衡状况改善方法有以下 4 种，分别是分担转移、瓶颈改善、改善合并和重新分配。

（1）分担转移。该方法是指将瓶颈工序的部分作业内容，转移到相邻工序或其他工时较短的工序上，由作业负荷较小的工序分担。

（2）瓶颈改善。该方法是指对瓶颈工序本身进行改善，以缩短工序的整体循环时间。

（3）改善合并。该方法是指将瓶颈工序的作业内容加以拆解，分别合并到其他不同的工序上，瓶颈工序由此完全消除。

（4）重新分配。该方法是指将瓶颈工序的作业内容拆解后，再将整条生产线的作业内容进行重新编排、分配，形成新的作业工序。

在运用以上 4 种方法进行线平衡状况改善时，班组不仅要重视工时长的工序的改善，也要关注工时短的工序的改善，将两者有效结合以产生最佳改善效果。

5.4.2 班组价值流分析

价值流是指产品在整条供应链中完成客户所需要的步骤或活动，包含资信流和生产价值流、增值和非增值活动。在班组中，最常见的是从原料到产品的生产价值流。帮助班组识别和分析价值流的工具，即价值流图。

1. 价值流图

价值流图即班组成员使用铅笔和纸，利用简单的符号、线条，从头到尾描绘班组内每道工序的状态，包括工序间物流、信息流和生产价值流。价值流图能直观体现出需要改善的地方，以显示价值流改善的方向和结果。

价值流图并不是根据固定标准、历史数据或者生产计划绘制的流程图。绘制和分析价值流图的意义在于让班组所有成员看见生产的真实情况，以持续改善生产流程。

2. 价值流图的绘制

班组价值流图的绘制需按照产品生产工序，一项活动接一项活动、一个步骤接一个步骤地加以完成。价值流图并不需要太复杂，正如客户只对拿到的产品感兴趣，价值流图也只用强调产品整体的价值流，而不用体现班组内外的关系、工作安全保障等。

价值流图绘制的基本方法如下。

（1）对产品进行分类分析。班组可利用图表，将产品和工序加以结合分析，确定绘制对象的特点。

绘制价值流图前编制的产品分析表如表 5.4-1 所示。

表 5.4-1　绘制价值流图前编制的产品分析表

项目	工序一	工序二	工序三	工序四
产品 A			√	√
产品 B		√	√	
产品 C	√		√	√
产品 D	√		√	√
产品 E	√			√

注：√代表该产品涉及此道工序

利用这一分析形式，班组能确定不同产品的价值流图需要重点体现的工序，确保每种产品的价值流图都具有针对性。

（2）理解价值流的基本术语。在绘制价值流图的过程中，班组长和成员应充分理解以下术语的含义，以准确指导价值流图的绘制。

①周期，即工件或产品由一个工序制造所需要的时间。

②增值时间，即增值活动所需时间。

③前置期，物料流过整条生产线所需时间。

（3）班组应遵循具体的环节法则，绘制价值流图并进行分析。其中的主要环节有以下 7 个步骤。

①了解客户（企业内部或外部）需求。例如，某冲压厂的生产班组，每月要完成 1840 件产品的生产，其中 L 型号产品为每月 1200 件，R 型号产品为 640 件。产品包装为 20 件一个周转箱，每个集运箱可装 10 个周转箱。客户落单的产品数以 20 件为一个单位，每日由货车送到客户工厂。

②绘制由基本生产工序组成的价值流图。班组应以标准化形式表示生产过程。当生产过程未能连续进行、材料流动中断时，应对价值流图予以截断。在上述案例中，共有 6 道工序，分别是冲压、焊接 1、焊接 2、组装 1、组装 2、发运。由基本生产工序组成的价值流图如图 5.4-3 所示。

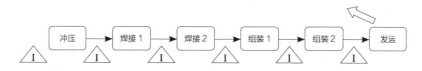

图 5.4-3　由基本生产工序组成的价值流图

通过该价值流图，可直观看到班组承担从冲压到组装 2 的各道工序，以及价值如何在其中流动和停止流动的。

③明确设定需收集的数据。在上述案例中，班组需收集的数据为周期、换模时间、设备可用时间、产品批量、工人数、包装数目、每道工序的工时和废品数。

④收集及输入数据。根据实际情况，完成上述数据的收集和输入。

⑤设定供应方数据。在上述案例中，班组可从上一道工序的班组或部门处获得数据。

⑥基于数据，对生产现状进行分析，将分析的结果绘制为价值流现状图。

⑦以价值流现状图为基础，寻找可能的改善点，制定改善目标，并将改善结果绘制成价值流未来图。

完成上述步骤后，班组应制定详细计划，实现由价值流由现状图向未来图的转变。

5.4.3 班组计划管理

在班组中，我们经常会对某些现象司空见惯。例如，着急生产时，整个班组无休止加班，员工变成生产机器，结果导致半成品或材料衔接不流畅；而生产任务不重时，又会出现停工待料的情况。为此，班组必须注重计划的管理。

在激烈的竞争中，效率高低甚至能决定企业的生死。当班组拥有足够高的效率时，企业也才能更具活力，适应市场的变化。为此，班组计划管理是班组成长为四星班组进的重要标志。不过，具体到某个企业中，班组计划要在企业的整体框架下执行，企业要结合实际需求，不断细化班组计划。在这里我们介绍的是普遍的班组计划管理，企业在学习和使用时，要根据自己的实际情况做调整。

1. 班组计划

没有计划的工作很空洞，没有措施的管理是空谈。班组要想提高计划完成率，就要重视计划的制定。

班组计划是指班组针对产品品种、质量、产量、产值等生产任务制定的计划和对产品生产进度的安排。在班组计划中，既有为满足客户要求的交期、品质和成本而拟定的生产计划，也有为使企业获得适当利润，而对生产三要素（即人员、设备、物料）的确切准备、分配及使用而设置的资源计划。

班组计划作为企业生产计划最小的组成部分，同样承担其应有的任务，其中包括生产作业准备的检查、生产能力的细致核算与期量标准的平衡和制定等。班组计划的作用包括为物料需求计划、产能需求计划和其他相关计划的制定提供依据。

一份能真正发挥作用的班组计划，必须是综合考虑各有关因素并具有能力基础的计划，其细致程度必须符合班组活动内容的要求，同时也应在必要时期下达。

2. 班组计划的制定标准

班组需根据计划的具体分类，建立不同的制定标准。班组计划的制定标准如表 5.4-2 所示。

表 5.4-2　班组计划的制定标准

分类	制定标准
作业计划	作业及加工的场所、种类、顺序和标准工时等
制程计划、余力计划	作业及加工制程的能力基准
材料、零件计划	零件成分表及零件表，安排分区、供给分区，批量大小、产出率
日程计划	基准日程表、加工和装配批量
库存计划	库存管理分区、订购周期、订购量、订购点、安全库存、最高库存、最低库存

　　只有明确了标准和依据的计划，才能真正为班组的经营生产做好服务。作为班组长，如果想要做好班组计划管理，第一步就是了解制定计划的标准，分析其涉及的资源、对应的规则，同时还要核实有无特殊需求，再根据标准去制定计划。

3. 班组计划的种类

　　班组计划的种类，分为长期、中期、短期，如果根据具体期间、期别制定，还有更加细致的分类方法。

　　班组计划的种类如表 5.4-3 所示。

表 5.4-3　班组计划的种类

种类		对象	期间
长期	长期生产计划	产品群	2~3 年
	年度生产计划	产品群、产品类	1 年
中期	3~6 月生产计划	产品类	季、半年
	月生产计划	产品类、零件类	月
短期	周生产计划	产品类、零件类	周
	日生产计划	产品类、零件类	日

　　在班组生产计划种类中，月、周和日计划是最值得重视的种类，也是最常见的种类。

　　（1）月生产计划。月生产计划是班组的准备计划，它是生产部门结合企业最近的实际生产情况，以年度计划和订单为依据制定的。在企业层面，该计划通常需提前 1~2 个月制定，覆盖周期为 1 个月，内容主要包括产品的型号、批号、批量、产量和生产组别等。

班组长制定本班组月生产计划后，应确认其中的重点内容，对于需要上级协助或知晓的问题，应第一时间进行汇报。如果没有，可立即向全体班组成员公布执行。同时，班组应按计划中的生产要求，着手准备人员、设备、物料、方法和环境等方面的事项。

（2）周生产计划。周生产计划主要反映班组在一周内包括生产任务在内的其他所有重要事项，包括上周未完成的事项、本周需处理的问题等。班组通过周生产计划，能督促班组成员有效开展工作。

（3）日生产计划。日生产计划是班组在生产现场需要严格执行的计划，通常由班组长按规定格式，书写在班组的计划看板上。在执行日生产计划时，班组全员必须明确，计划内容是确定的、不能更改的，如果不能完成计划必须承担责任。如果不能按时完成，则必须采取补救措施，如申请员工支援、加快生产速度或加班等。如果能超额完成，也应主动向上级领导汇报。

4. 班组计划的公布

班组计划主要通过看板予以公布。此类看板通常位于班组中显眼的位置，展示了班组生产计划、班组个人生产实绩、出货实绩、培训计划等，具体内容包括一周生产计划现状、每日生产现状、生产目标、实绩、与计划的差距和变化等，并以突出的颜色和字体标出重点。

班组在填写和发布班组计划时，应注意必须实事求是，不能弄虚作假，更不能失去公平和公正性。

第6章

五星班组：
班组绩效，自主维护循环管理

　　班组成长为五星班组标志着企业的生产效率具备了极强的竞争力，产品的品质趋于完美，成本得到了良好控制，安全措施落实到位，班组的凝聚力变得更强。

6.1 特色活动与班组评比

为增强企业的向心力和凝聚力，员工的荣誉感和使命感，弘扬先进，树立典型，营造积极进取的企业文化氛围，促进企业健康持续发展，企业需要制定班组创先争优活动实施方案。特色活动的开展有利于提升团队素质，增强员工对团队和他人的信任感，培养团队协作精神，以及释放员工的工作压力，让他们以更积极乐观的心态来面对生活和工作。

6.1.1 制定特色活动的实施方案

特色活动的实施方案是帮助企业量身打造特定活动的方案，能增强企业的凝聚力。企业的目的是，建设一支"团队成员士气高昂，团队成员之间互相认同，每个人目标明确，充满凝聚力，追求整体绩效，团结和谐，统一合作"的优秀团队。

具体的活动实施方案的制定可以参考以下内容。

活动1：破冰、分组。

（1）活动名称：扑克牌分组。

（2）目的：使团队成员之间相互信任、沟通、帮助；通过优化环境，提高团队成员的大局意识、协作意识、团结意识，打造一支和谐的队伍。

（3）材料：一副扑克牌。

（4）活动程序。

①指导者给每位成员发一张扑克牌，这张扑克牌的花色只有他本人知道，不可以让他人看到。

②所有成员按照座位顺序依次上台用肢体语言来表达出自己的扑克牌的花色，其他成员不可以提问，在整个活动过程中所有人都不能说话。

③其他成员要认真观察，用肢体语言表达完自己的花色后，站在认为跟自己是同一花色的成员后面，站成一列。

④所有人都表达完之后，看有没有人站错队伍，如果有，要为他应属的团队做出一项贡献，形式和内容由该团队集体决定。

⑤确定好团队后，每个团队给自己的团队取个名字。

（5）活动分享。

①站错队的人，为什么会站错？是自己对别人的理解不够还是别人表达得不够清楚？

②如果是表达不够清楚，那么问题就是沟通的准确性不够。

活动 2：团队建设。

（1）活动名称：同舟共济。

（2）活动目的：本活动主要培养成员团结一致、密切合作、克服困难的团队精神；培养成员的计划、组织、协调能力；培养成员服从指挥、一丝不苟的工作态度；使成员相互信任和理解。

（3）形式：6 人为一队。

（4）时间：30 分钟。

（5）材料与场地：每队报纸 20 张，胶带 1 卷，空地。

（6）活动程序。

①每队利用报纸和胶带制作一个可以容纳全体成员的封闭式大圆环，将圆环立起来，全队成员站到圆环上边走边滚动大圆环。可以先给成员看效果图，让他们制作大圆环时有个参照物，另外要求圆环的宽度必须保证所有成员的脚在上面，如果脚碰到地面就算"溺水"，应扣分。

②全程进行计时比赛，从"坐船"至到达目的地，如果"船"在中途破了，全队需停下来将"船"修好，再继续前进，但计时不断，最后"船"必须保持完整。

③速度最快的队，每位成员将获得一个小礼物。

（7）活动分享。

①你的团队在"坐船"时是怎样分工合作的呢？你在你们团队中做出了哪些贡献？

②"船"在前进时，你们是怎么做的？为什么要那样做？

6.1.2　展开班组循环评比

受管理体制等因素的影响，大多数班组管理未形成科学的体系，很难对班组管理产生持久的效力。由于 PDCA 循环理论把相关的资源和活动抽象为过程进行管理，而不是针对单独的管理要素开发单独的管理模式，所以这个循环理论具有通用性。

PDCA 循环理论又称"戴明环"理论，它是全面质量管理应遵循的科学程序，是实现质量计划的制定和组织的过程。企业将 PDCA 循环理论应用到班组建设中，就是对班组建设工作检查总结的结果进行处理，对成功的经验加以肯定并适当推广，对失败的教训加以总结，未解决的问题放到下一个 PDCA 循环里，使班组的建设水平得以不断优化和提升。

1.　P（Plan，计划）

PDCA 循环理论中的 P 阶段是班组建设的计划阶段，在此阶段需制定班组建设的一系列制度和目标，作为班组建设开展的前提，如班组评星、评级制度，班组建设目标设定等。计划阶段是针对班组特色和员工个性，形成明确的班组建设口号和班组建设目标，并建立一系列完善的班组文化体系，保证班组核心文化形成并发挥作用的过程。

2.　D（Do，实施）

PDCA 循环理论中的 D 阶段是班组建设的实施阶段，也是 PDCA 循环理论得以发挥作用的根本保证，班组建设的实施应当参考前一阶段制定的班组建设的相关制度、目标，结合班组建设的各项内容具体展开。

企业在班组建设的每一个环节中，都应注重 PDCA 循环理论的应用具体做法。

①将班组管理的组织结构优化为班组中层干部和班组长双重指导、班组长具体负责、班组员工全员参与的格局，班组相关事务按照班组管理制度执行。

②以创建"标兵"班组为共同愿景，以努力提升个人业务技能和学历作为个人目标，引导员工开展学习型班组建设活动。在活动中，企业可以开展"六个一"培训活动，坚持每日一页、每日一问、每周一讲、每月一考、每季一课件、每季一赛，通过内外结合的方法实现自我监督，促进班组学风建设的开展。

③通过定期召开主题班会、举办班组活动，促进员工相互交流。班组长应积极组织班组成员参加活动，增强班组凝聚力；落实学习互帮小组制度，带动大家共同提高。

④在各项活动中加强班组文化建设。例如，创建班组文化长廊，将班组取得的成绩和班组成员一起成长的经历收录于班组史册，并定期通过班会展示，增强班组成员的集体荣誉感。

D 阶段是班组建设过程中最为关键的一个阶段，强大的执行力是保证班组建设目标按时、按质量完成的根本因素。

3. C（Check，检查）

PDCA 循环理论中的 C 阶段是班组建设的检查阶段，是 PDCA 循环理论发挥作用的促进环节，同时也是 PDCA 循环理论能够进行良性循环的保证。

企业在班组建设实施中注意了 3 个方面，一是各项建设指标认真落实并留存备份，形成班组建设的长效性；二是班组建设成果既有定性分析又有定量考核，定量指标用准确数据体现；三是将设定好的班组阶段性目标和班组建设成果进行对比，实现效果检查。

PDCA 循环理论中严格的检查阶段，有效反映了班组建设的各项成果。在这一阶段，企业对班组建设的实施做出的评价，也为 PDCA 循环理论下一阶段的开展提供了依据。

4. A（Action，行动）

PDCA 循环理论中的 A 阶段是班组建设的行动阶段，也是 PDCA 循环理论中促进管理质量不断提升的关键环节。

企业的班组建设经历了上述 3 个阶段后，不仅提升了建设质量，也发现了班组的不足之处。这个阶段也分为 3 步：首先，根据班组建设检查结果，找出班组的优势和不足；其次，分析班组建设的成果和不足之处，找出主要原因，如果在这一过程中发现有的方面执行效果很好，可以将这个方面列入班组建设标准，进行企业内部推广；最后，制定班组建设的改进措施，开启在班组建设中的一个新的 PDCA 循环。

6.1.3　长效机制的形成

长效机制即能长期保证班组制度正常运行并发挥预期功能的制度体系，班组长只有在长效机制上下功夫，才能逐渐建立和完善班组管理体制。因此，班组必须随着时间的推移、条件的变化而不断丰富、发展和完善长效机制，使其不断发挥作用。需要注意的是，所有特色活动与课题改善，并不局限在班组之内。因为班组的能力、权力有限，一些活动若需要在更大范围内协调和开展，就需要企业、各部门等的配合，企业需要特别注意这一点。

长效机制中的"长效"两个字，是指某种事物能长期有效，它起着强调的作用，而"机制"是指经过实践检验证明，有效的、较为固定的一种方法。长效机制是班组长和班组成员在执行班组规章制度的过程中形成的相互作用、相互影响的关系和变化。

所以，制度只有在执行时才能进化为机制。而机制比制度高一个层次，机制的形成是需要与制度相互关联的，只有执行制度才能形成机制。所以班组在制定制度时，往往会考虑其全局性、稳定性、时效性，绝不会朝令夕改。而建立一个机制，首先需要一套完善的制度。这就是一个班组有效的长效机制。

长效机制具有以下 3 个特点。

①规范性，即班组用来规范班组成员的行为。

②稳定性，即班级具有固定的目标，且能正常运行。

③长期性，即班组的这一固定目标具有长期效应。

如今，商业竞争瞬息万变、愈发激烈，要想使班组在竞争中存活下来，使班组持续健康发展，良好的班组文化是必需的。因为班组文化是班组永续经营的动力。而班组成员是班组的重要组成部分，他们是维持班组永续经营、发展的重要角色。因此，班组长的首要任务就是对班组成员进行管理和培养，从而建立一套完善的长效机制。

1. 学习是保证长效机制有效运行的核心竞争力

市场竞争是人才的竞争、班组成员素质的竞争，因此作为班组长，提升班组成员整体素质，是增强班组竞争力的有效因素。

（1）建立学习机制。这个机制的主要作用是把班组成员完成任务的经验和完不成任务的问题给列出来，然后，将完成的经验和完不成的问题，作为班组内部学习的目标和素材。最后将这些积累下的经验编成班组长培训班组成员所用的手册，形成规范就能避免班组成员再犯同样的错误。

（2）注重学习机制保障。班组要让班组成员树立全员学习、终身学习、全方位学习和延伸学习的理念；要让班组成员有明确的学习目标，并且不断激发班组成员的潜能，加强对班组成员的技能知识、文化素质的培养，让班组成员在班组中不断成长。具体要保障以下几点。

①学习培训机制：有助于班组成员增强各方面的能力。

②培训责任机制：有助于班组成员认清自己的责任。

③学习档案机制：有助于班组成员加深对培训的认识。

④学习管理机制：有助于班组成员严格要求自己。

⑤学习考评机制：有助于班组成员加深对自己的认识。

（3）建立运行机制。在班组为班组成员制定了各种机制时，机制能否有效运行是关键。所以，班组要强化自身的责任、严格检查班组成员执行机制的情况，要调动班组成员的积极性，要将班组成员的态度从"要我学"转变成"我要学"。这样才能让所有的机制有效地运行起来。

2. 考评激励是创建长效机制的强劲动力

为了提高班组成员的学习积极性，班组要将班组成员能力的增强与上岗、转岗、职务聘用、职称评聘、工资待遇、奖励等紧密联系起来。这样有利于让班组成员认识到自己在班组中的价值，并将班组成员参加学习培训的基本情况和学习效果统计出来，以便对班组成员进行考评。如果班组成员个人有突出的表现，班组应当给予一些奖励，这种奖励可以是物质上的，也可以是精神上的。

当然，班组还要认清一点，有奖励就有惩罚，对一些不遵守班组规章制度、不尽力工作，又不学习的班组成员，班组要对其进行教育，严重者甚至要辞退。如果制度是约束，那么将工作绩效与个人利益相结合就是一种激励。

为了使班组永续经营，班组长要抓紧对班组成员的培训，并利用好长效机制，因为长效机制是保证制度有效运行并发挥其作用的体系。

长效机制的建立，有利于提高班组成员的工作水平，它最大的特点就是能让工作实现法制化、制度化、规范化、经常化，能让班组在竞争中脱颖而出。班组长要积极建立长效机制，并且应具有远大的抱负，将目光放长远，切记不要急功近利。

6.1.4　精益班组考核

科学地进行考核是班组管理得以实现的关键，考核的目的是保持或改善某一行为，考核的内容和考核的方法都要科学合理。绩效考核就是对工作的过程步骤、组成部分、结果表现，员工的行为活动、绩效支持和保证因素等各个方面进行分解，将分解的要素作为考核内容。

在制定考核内容时，应充分考虑所要求的绩效和影响绩效的因素，要使考核涵盖员工自身素质、工作任务、工作方法、工作环境、管理机制 5 个方面的内容。考核内容要合理，既要全面，又要突出重点，尤其是工作中的重点、难点；既要关注基础绩效，也要关注显著绩效；要客观、公正、公平；使考核有据，尽量用数据说明情况。

对不能量化的予以定性，对考核情况要进行跟踪，确保问题得到有效整改。

不管应用哪种办法，都应该把局部与整体相结合、考核与管理相结合、短期与长期相结合。局部与整体相结合，就是将个人考核与团队考核相结合、班组考核与企业考核相结合；考核与管理相结合，就是在考核中促进管理，在管理中促进考核；短期与长期相结合，就是将结果考核与过程考核相结合，短期绩效与长期绩效相结合，基础绩效和显著绩效相结合。

要根据考核结果进行实事求是的评估，要将评估结果及时向被考核者进行反馈，帮助被考核者分析自己哪些地方做得好，哪些地方还有待改进，应该如何改进；被考核者也要及时将自己对考核结果的评价向考核者进行反馈，以提高考核的科学性、公正性、公平性。

这个过程是绩效管理不断总结、改进、发展的过程，是一个承上启下的环节。通过考核，把成功的经验尽可能形成制度和规范，将遗留的问题和新出现的问题转入下一轮的绩效管理中。要根据考核的结果，及时对员工进行有效的激励。一定要让员工明白，正确的行为会带来正面效果，不正确的行为会带来负面效果。

6.2　标杆管理与明星现场管理

20 世纪初，被誉为科学管理之父的弗雷德里克·温斯洛·泰勒在其著作的《科学管理原理》中提出了标准化和制度化管理理论，这项管理理论成为现代企业班组标杆管理的重要基础。

20 世纪 80 年代，美孚石油公司率先创造了标准化现场管理细则，这项管理创新让其年收入提升了 10%。

如今，标杆与明星现场管理已经成为企业优质发展的主要管理事项。

6.2.1　现场管理标杆研讨会的实施

现场管理标杆研讨会的实施，目的是优化班组现场管理效果，其核心是定位行业一流企业的现场管理特点，并对比自身实际情况，建立起创新型现场管理体系。

以某大型轧钢厂的标杆研讨会为例，其标杆研讨会内容如表 6.2-1 所示。

表 6.2-1　某大型轧钢厂的标杆研讨会

研讨会时间	研讨会地点	主题	讨论内容
××月××日	总厂第一会议室	我厂现场管理的现存问题	1. 我厂现场管理整体效果分析 2. 我厂现场管理难点 3. 近一年来我厂现场管理造成的损失 4. ××企业（同行业一流企业）现场管理效果分析

（续表）

研讨会时间	研讨会地点	主题	讨论内容
××月××日	总厂第一会议室	××企业（同行业一流企业）现场管理的可靠性分析	1.××企业（同行业一流企业）现场管理参观视频 2.××企业（同行业一流企业）现场管理特点分析 3.××企业（同行业一流企业）现场管理可靠性分析 4.××企业（同行业一流企业）现场管理实践经验研究
××月××日	总厂第一会议室	我厂现场精益管理分析	1.××企业（同行业一流企业）现场精益管理分析 2.我厂现场管理精益化改进提案 3.我厂现场管理创新建议 4.我厂现场精益管理体系分析 5.确定我厂现场精益管理实施初案
××月××日	总厂第一会议室	我厂现场精益管理效果总结	1.我厂现场精益管理实施初案效果分析 2.我厂现场精益管理现有问题分析 3.二次创新建议分享 4.完善我厂现场精益管理实施方案

从表6.2-1中可以看出，标杆研讨会的实施需要确立明确的主题，且标杆研讨会往往分多期完成。标杆研讨会开展的第一步大多为自我分析，明确企业现场管理效果、管理难点、造成的损失，以及定位同行业一流企业，以其现场管理效果为主要学习目标。

标杆研讨会开展的第二步为标杆企业的现场管理分析，分析重点为标杆企业现场管理的可靠性。企业可分析其现场管理的特点，并与自身实际情况进行对比，思考其现场管理的可行性与实践方法。

标杆研讨会开展的第三步为企业自身现场管理的精益化分析，其主要方式为在分析了标杆企业现场管理经验后，提出适合自身现场管理需求的创新方法，并针对可行性建议展开讨论，在明确现场管理精益化创新关键点之后，初步确定精益管理体系与实施初案。

标杆研讨会开展的第四步为现场管理精益化创新后的总结与完善。企业应针对现场管理的创新措施，进行实施效果的总结与分析，并找出实践过程中存在的问题，进行针对性二次创新与完善，最后确定企业现场管理的具体实施方案，明确现场管理的具体措施与方法。

6.2.2　明星现场管理体系

明星现场管理体系的建立，是企业班组现场管理的重要环节。明星现场管理体系包含多个关键点，如企业现场管理范围、管理要素、负责人、管理策略及方法等。其中，管理要素是所有企业都需要率先确认的体系重点。

现场管理要素的构成如表 6.2-2 所示，其决定着现场管理体系的完整性与合理性。

表 6.2-2　现场管理要素的构成

管理要素	具体内容				备注分析
组织机构	现场管理班组委员会				针对现代生产企业现场管理组织趋向扁平化的特点，这种组织机构可以表现出灵活性、全面性的特点，且对现场管理的监督、管理、改进有良好的掌控性
	现场管理办公室				
	现场管理工作人员				
	生产区	休息区	办公区	试验区	
	仓储区	供应区	回收区	其他区域	
管理目标	产品质量、生产成本、生产周期、工作效率、安全管理等				明星现场管理体系中必然包含这些内容，且在这一内容的基础之上，针对现场的实际情况进行增加，例如团队士气等。这种多目标综合性现场管理可以体现出一流企业的现场管理体系的系统性与可优化性
资源管理	6M，即人（Manpower）、机器（Machinery）、物料（Materials）、方法（Methods）、测量（Measurement）、环境（Mother nature）				资源管理是明星现场管理体系的重点组成部分。因为资源具备流动性，资源管理也会涉及企业的多个职能部门，例如现场管理中的质量管理、设备管理都会涉及企业的设备科。所以，资源管理也是企业需要结合自身情况、现场情况需要认真分析的管理内容
管理范围	生产区、休息区、办公区、试验区、仓储区、供应区、回收区以及其他区域				明星现场管理体系的优越性主要体现为全面管理与细节管理，以生产区为中心，逐渐辐射到休息区、办公区等其他区域，确保其他区域管理最大化支撑生产所需，优化生产质量

（续表）

管理要素	具体内容	备注分析
管理内容	可视化管理、标准化管理、6S 管理、班组建设、合理化建议、思想动员等	明星现场管理体系包含的内容非常丰富，在制定明星现场管理体系的过程中，企业班组需要结合自身、现场的实际情况将各种管理内容进行有机串联，确保管理方向统一
实施过程	策划、运行、分析、改进	任何明星现场管理体系的建立都离不开策划、运行、分析、改进 4 个步骤：根据实际情况策划初步管理体系，在试运行阶段进行各种实际情况的总结，之后根据具体情况、具体数据进行分析，并提出改进策略
制定制度	管理制度、考核制度、奖惩制度、考核细则等	明星现场管理体系必须包括明确的现场规章制度；考核制度针对人员与工作内容制定；奖惩制度针对人员制定；考核细则针对班组长制定
管理标准	管理标准、技术标准、工作标准、考核标准等	明星现场管理体系也是一种标准化现场管理体系，其中管理标准、技术标准、工作标准、考核标准缺一不可，在这一基础上班组还可以附加目标标准、奖惩标准等
问题分析	产品、设备、技术、工艺、环境、人员、物流等	现代生产企业的内部运作问题大多出现于现场，基于这一特点，明星现场管理体系需要针对现场进行细节化、具体化管理，这也是企业弥补自身管理盲点、歧点的主要方法

　　了解了这些现场管理要素，企业班组便具备了建立明星现场管理体系的基础。将这些管理要素进行有机整合，借鉴标杆研讨会的分析内容，企业班组可以实现现场管理要素的合理配置与优化组合，并在实际运行过程中不断优化管理效果，提升管理水平。

6.3　班组质量巩固

6M 管理是巩固现代企业班组质量的主要措施，这种管理方式有助于班组在现场管理过程中及时发现缺陷，并找到原因，从而对企业班组质量的巩固产生持久的积极影响。

从班组精益管理的角度出发，6M 管理是一种变量管理，而非定量管理，即人、机器、物料、方法、测量、环境未发生变化时现场无须实施针对性管理，一旦人、机器、物料、方法、测量、环境发生变动，6M 管理便随之出现。所以，现代企业的 6M 管理又被称为 6M 变更管理。

6.3.1　6M 变更管理看板

6M 变更管理看板是现场管理中一种直观、高效的管理工具，对提升企业班组管理水平有良好的促进作用。正确使用 6M 变更管理看板能避免现场不良情况的发生。

一般来说，6M 发生变化的影响因素，可以分为两类，分别是可意识到的变更因素和无法意识到的变更因素。再从计划内变更和计划外变更两个维度进行分析，我们可以总结出影响 6M 变更的常见因素，如表 6.3-1 所示。

表 6.3-1　影响 6M 变更的常见因素

分类	6M	计划内变更	计划外变更
可意识到的变更因素	人	1. 人员的正常交替 2. 人员的合理性调整 3. 人员的计划性休息	1. 临时离岗 2. 突发性请假 3. 生产的意外停止
	机器	1. 机器计划性改造 2. 机器正常保养 3. 机器合理升级 4. 计划内机器更换等	1. 机器故障 2. 机器加速性老化、破损 3. 生产力意外下降等
	物料	1. 计划内物料变更 2. 物料精度调整等	1. 异常处置 2. 追溯点检
	方法	1. 工序变更 2. 生产条件变更 3. 工法变更等	1. 生产停滞的跟进 2. 生产中断的跟进 3. 生产错误的跟进等

（续表）

分类	6M	计划内变更	计划外变更
可意识到的变更因素	测量	1. 测量方法的变更 2. 测量仪器的正常升级 3. 测量精度的合理变更	1. 测量方法的被动升级 2. 测量工具的意外损坏 3. 测量精度的被动变更等
	环境	1. 生产环境的合理优化 2. 企业生产地点的计划内转移等	1. 生产环境的被动完善 2. 生产地点的非计划内转移 3. 生产环境不达标等
无法意识到的变更因素	6M	1. 6M健康状态下的正常变化 2. 6M的正常消耗（不包括人）	人为错误导致的6M异常消耗或磨损（不包括人）

明白了影响6M变更的常见因素，我们就可以在日常的点检中有重点、有意识地关注相关情况，提前预防。在日常的点检中，我们可以使用现场管理中常用的6M点检表，比对相关内容一一点检，现场管理中的6M点检表如表6.3-2所示。

表 6.3-2 现场管理中的 6M 点检表

6M 变更点		管理内容	管理措施	责任人	现场管理中的 6M 点检方法		
					管理效果（问题是否解决）	具体管理方法	现场管理人员确认及批示
人	新员工上岗	指定培养负责人	明确培养周期				
		建立培养评价表	明确培养内容				
	员工正常变更或休息	按计划进行人员调配	根据培养效果进行客观评价				
机器	破损	核查机器破损前一个生产周期内的产品品质	对机器破损部位的精度及品质进行确认				
			进行机器性能测试				
	修理	核查机器破损前一个生产周期内的产品品质及修理后的产品品质	对比修理后产品品质及精度（多个）				
			进行机器性能测试				
	生产条件变更	核查生产条件变更后的产品品质	对比修理后产品品质及精度（多个）				
物料	计划内变更	指标变更	对比变更前后的产品品质				
		品质识别及确认	对变更后产品品质进行重新识别及确认				
		进行品质管理	对品质变化进行合理管控				

（续表）

6M变更点		管理内容	管理措施	责任人	现场管理中的6M点检方法		
					管理效果（问题是否解决）	具体管理方法	现场管理人员确认及批示
方法	工具类变更	工具标准变更	按计划或按要求变更				
		工具变更指导	针对变更工具进行说明				
	工艺类变更	工艺标准变更	按计划或按要求变更				
		检查方法变更	按照变更后工艺升级检查方法				
		工艺变更指导	针对变更后工艺进行工艺重点说明				
测量	工具变更	工具精度变更	按计划升级工具				
		变更后使用指导	针对变更后测量工具进行使用说明				
	工艺变更	工艺标准变更	按计划升级测量工艺				
		变更后测量方法使用指导	针对变更后的测量方法进行说明				
环境		内部环境变更	针对内部环境变化制定相应恢复措施				
		外部环境变更	按照相关法律法规维护外部环境				
		环境标准变更	根据国家新颁布的法律法规调整加工工艺				

6.3.2　6M 变更应急处理流程

企业 6M 变更管理的重点是针对变更点采取及时有效的处理措施，第一时间发现问题才能够第一时间解决问题。在 6M 变更管理过程中，现场管理班组需要针对各种变更点、变更情况按照应急处理流程，采取正确的处理措施。

6M 变更应急处理流程如图 6.3-1 所示，按照这一流程可以确保企业 6M 变更点得到有效控制，现场管理效果更有保障。

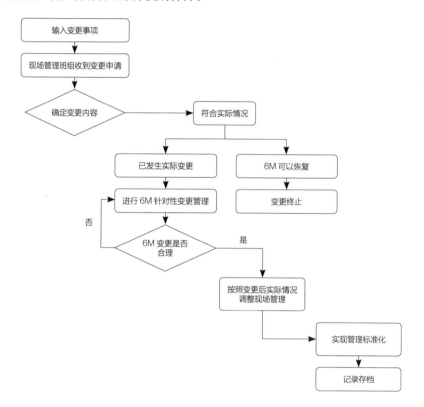

图 6.3-1　6M 变更应急处理流程

在企业现场管理中 6M 发生变更时，班组成员应当第一时间确认变更点，并于班组管理日志中输入变更事项，交由班组长处理。班组长应当及时确认实际情况并向上级提出变更申请。

企业管理层收到现场 6M 变更申请后需再次确认实际情况，如 6M 变更情况可恢复，则制定相应的管理方法，确保企业生产现场的稳定性，从而终止变更；如 6M

已发生实际变更，且无法恢复，则需要针对实际变更情况制定管理措施。

例如，某班组核心技术员工因不可抗拒因素突然请长假，企业应为该班组及时调配技术水平相当、团队融入性强的员工进行补充，确保该班组的技术水平、生产水平不受影响。

制定变更方案后，企业还需要思考变更方案的合理性，在合理的前提下按照变更后的实际情况要求该班组负责人进行现场管理，并及时调整管理措施。待班组实现管理标准化之后，企业进行记录存档。

如变更方案合理性或可行性较低，企业当及时重新制定变更方案，以确保该班组现场管理效果不受影响。

6.3.3　6M 变更管理

6M 变更管理是指在企业运行过程中班组根据现场管理的各种因素变化，确保企业产品品质与发展目标按时实现而进行的组织管理，其管理重点为 6M 的变更因素，即班组对人、机器、物料、方法、测量、环境的管理。

企业班组要想巩固自身质量，需要对 6M 变更的管理内容拥有详细的认知，我们总结了一套有效的 6M 变更管理方法，这套培训方法适用于大多数现代生产型企业。

1. 人员变更

人员变更主要指对产品质量有影响的重要技术人员或操作人员的变更，其主要分为以下 4 类情况。

（1）关键岗位人员变更。

（2）新员工入职。

（3）企业关键工序操作人员变更。

（4）班组管理机构发生重大变化。

2. 机器变更

机器变更主要是指机器的升级、改造，新机器的投入、老机器的淘汰。其变更情况主要分为以下几种。

（1）新设备、新仪器、新模具的投入使用。

（2）新生产线的投入使用。

（3）老设备、老模具的计划性变更。

（4）闲置设备、模具重新投入使用。

（5）设备、仪器、模具的改造升级。

（6）大型设备的移动。

上述机器变更情况在现代生产型企业中是十分常见的，其中第（6）项是班组成员不可忽视的重点，大型机器移动之后需要重新测试机器的精准度，并对比产品的品质与精度。

3. 物料变更

物料变更主要是指新物料、临时替代物料的变更，以及原有物料尺寸、结构等变化，具体变更情况分为以下几种。

（1）新物料的变更及临时替代物料的使用。

（2）原有物料的尺寸、结构发生变动。

（3）产品包装物料的更换。

（4）产品辅助物料的更换，如防锈油、润滑油等。

（5）物料供应商的变更。

在物料变更管理中容易忽视的重点是第（5）项，虽然物料自身规格、型号、结构、尺寸等未发生变化，但更换供应商必然出现品质差别，所以班组在现场管理的过程中需要重视物料的这一变更情况。

4. 方法变更

方法的变更分为加工条件变更与加工工艺变更两种。

（1）加工条件变更。加工条件变更主要指产品生产现场的条件变更，具体变更情况有以下几种。

① 生产线的变更，例如 A 生产线变更为 B 生产线。

② 工厂的变更，例如发生不可抗事件后，很多生产生活用品的工厂变更为了紧急物资的生产工厂。

③ 委托制造商的变更。

（2）加工工艺变更。加工工艺变更是指产品生产工艺与生产标准的变更，具体变更情况分为以下几种。

① 产品制造工艺的变更。

② 产品加工方法的变更。

③ 工序的增加或减少。

④ 新物料的添加。

5. 测量变更

测量变更主要体现为产品检测方法及测量仪器的变更、设备检测方法及测量仪器的变更。

6. 环境变更

环境变更主要是指当人的工作环境，机器的运行环境，物料的储存、运输、使用环境，方法的适用环境，产品、机器的测量环境发生变更，企业班组想要制定相应的管理方法。

例如，部分企业产品的夏季加工工艺标准应与冬季加工工艺标准存在差别，这便是针对环境变更采取的具体管理措施。

此外，我们还有一套适合企业班组现场管理使用的 6M 自查表，如表 6.3-3 所示，此表便于企业按周或按月进行现场 6M 变更审查管理。

表 6.3-3　6M 自查表

车间：				班组：		
日期：				负责人：		
	类别	内容	具体情况	变更原因	管理措施	
自查内容	人	1. 车间基层人员变更 2. 关键工序人员变更 3. 维修维护人员变更 4. 新员工上岗				
	机器	1. 关键设备变化 2. 新设备、新模具投入生产 3. 限制设备、模具的重启 4. 模具、仪器的生产线更换				
	物料	1. 物料规格变更 2. 物料供应商变更 3. 物料等级变更				
	方法	1. 加工工艺变更 2. 生产计划变更 3. 不良品的出现及处置 4. 包装、运输方法变更等				
	测量	1. 测量方法变更 2. 测量仪器变更				
	环境	1. 生产场地变更 2. 重大安全事故发生 3. 自然灾害发生 4. 环境标准变更				
其他情况						

6.3.4　实施技术防呆法

技术防呆法又称愚巧法、防错法，是现代企业发展过程中常用的班组质量管理方法。通过新技术引入、技术创新或者自动化、信息化等手段，技术防呆可以从源头进行根本性治理，避免发生错误。这种管理方法可以起到班组错误问题自动报警、识别、分类的作用，使班组成员减少日常失误，使企业生产免遭某些损失。

企业班组实施技术防呆法之前需要先了解企业防呆的不同模式，新益为通过对企业技术防呆法的细致研究，将技术防呆法按错误过程与错误类型分为以下 4 类。

1. 有形防呆法

针对企业产品、设备、工具等现场管理要素进行硬性防呆的方法称为有形防呆法，这种技术防呆法主要针对管理对象，例如针对产品的具体防呆措施，便属于有形防呆法。

2. 秩序防呆法

秩序防呆法主要针对加工秩序与加工流程，具体方法为对生产顺序进行监控或对易错流程进行针对性管理，这种防呆方法可以有效减少生产错误的出现。

3. 组合防呆法

组合防呆法是指将有形防呆法与秩序防呆法进行组合升级形成的防呆法，采用这种防呆法可以提升班组整体管理质量，减少工作错误。

4. 信息防呆法

信息防呆法通过对特定信息在班组内进行有效传递，优化班组防呆效果。

以上 4 种方法在具体实施过程中又可以被分为多种技术防呆手段，具体内容如表 6.3-4 所示，这些技术防呆手段可以减少各类生产型企业运作过程中错误的发生。

表 6.3-4　技术防呆手段的具体内容

技术防呆手段	目标	方法
消除	消除潜在错误因素	优化产品设计、加工流程
升级	升级原有加工流程，减少低级失误	通过应用新技术升级原有加工流程
简化	合理简化工序	合并生产加工步骤，削减不必要步骤
检测	发现缺陷工序	对易错点、难点工序加强监测，发现出现易错点与难点的根本原因

无论哪种技术防呆法或技术防呆手段，其实施策略均十分相似，综合现代企业技术防呆的主要措施后，我们将企业实施技术防呆法的步骤总结如下。

（1）确定产品缺陷并进行总结分析。

（2）根据分析结果追溯责任工序，并定位加工缺陷。

（3）确认实际加工效果与预期加工效果的差异。

（4）确认工序是否存在问题。

（5）分析工序出现缺陷的原因。

（6）制定缺陷产品的优化措施。

（7）确认实施技术防呆法的效果，进行二次调整。

（8）持续改善效果。

6.3.5　6σ 改善提案

6σ 管理是现代企业管理中常见的一种高级管理方法，其以"零缺陷"的完美商业追求著称。企业通过6σ 管理可以有效提升产品质量，并降低运营成本，最终实现企业核心竞争力的提升。

6σ 管理的核心是追求企业"零缺陷"的生产状态，进而提升企业竞争力与市场占有率，并提高企业客户的满意度与忠诚度，所以6σ 管理又被视为一种极致管理、细致管理，这需要企业班组在日常工作中保持不断追求完美的工作状态。

企业为达到6σ 管理的效果，可以鼓励班组成员思考6σ 改善提案。与普通的企业的改善提案不同，6σ 改善提案需要针对企业生产的每一个环节思考"界定、测量、分析、改进、控制"的改善方法，进而促进企业向6σ 管理效果靠拢。6σ 改善提案的具体内容如表 6.3-5 所示，企业通过如此细致的改善提案可以有效优化发展效果。

表 6.3-5　6σ 改善提案

责任班组		提案人			参加人数		完成时间	
改善内容	产品的界定	产品的测量	产品的分析方法	产品的改进方法	产品品质的控制方法			

（续表）

	问题描述	具体数据或图示	改进措施
改善前			
	有形效果	无形效果	图示
改善后			
评价			

6σ改善提案的重点不仅是展示改善前后的差异，更在于对改善内容的细致分析与极致追求。认真思考每道加工工序"界定、测量、分析、改进、控制"的改进方法，才能够促使企业生产流程尽快进入"零缺陷"的状态。

6.3.6 KPI 管理

KPI（Key Performance Indicator，关键绩效指标）管理是企业班组量化管理的主要方式，它通过对企业内部运作流程的输入端、输出端的关键指标进行设置、计算、分析，制定合理的流程绩效衡量标准，这也是企业战略目标分解操作的主要方式。

KPI 管理可以使班组长清楚自身责任、班组责任。建立 KPI 的目的，是让班组从被动管理转变为自主管理，这也是从基础管理发展为精益管理的重要标志。

6.4　安全、成本管理

安全生产是企业健康发展的保障，成本控制是企业长期赢利的重要基础，产品交付是企业建立品牌信誉的重要支撑，所以安全、成本、交付管理也是当代企业日常管理的核心内容。

在当代明星班组、标杆班组的日常管理中，安全、成本、交付管理无疑是班组精益管理的重中之重。在班组中开展安全生产活动，进行全面成本管理，确保产品交付品质与日期，也是班组优质管理方式的表现。

6.4.1　安全活动实施方案

安全生产是企业班组需要定期开展的活动，活动实施的目的主要是提升企业员工的安全意识，排除现场安全隐患，对安全问题采取积极有效的管理措施。建立常态化安全活动机制，定期开展不同形式的安全活动，对企业来说至关重要。

企业安全活动的具体实施方案如表 6.4-1 所示。

表 6.4-1　企业安全活动的具体实施方案

开展部门			车间	
负责人			时间	
指导思想		贯彻"安全第一、预防为主、综合治理"的安全方针，推动安全隐患排查治理工作		
活动主题		排除隐患、安全防范		
活动内容	项目	具体实施措施		
	强化安全管理	企业各部门切实落实安全生产规范，根据现场实际情况健全生产制度，全力做好各类安全突发事故的预防工作，增加必要的安全生产投入，杜绝一切违规、违章操作，明确劳动纪律，确保安全生产		
	落实安全责任	各班组须明确现场各工段、各工序的安全生产责任。责任必须落实到人，相关人员必须承担相应的安全生产责任		

（续表）

活动内容	开展宣传活动	1.在企业正常运行期间，工作现场的安全生产宣传工作必须全面落实，各班组人员不仅要学习，更需要熟知各种安全操作规范； 2.在工作中，所有人员须保持较高的安全意识，坚决贯彻安全生产行为规范，并增强自身紧急避险、抵御灾害、逃生自救的能力； 3.各班组要对安全典型进行及时奖励与曝光，以提升其他人员的安全意识
	深入现场检查	按照企业生产要求，各班组需要按时进行安全生产大检查，检查内容主要包括： 1.安全生产责任制的落实情况； 2.现场安全设施、设备、标识的配置与使用情况； 3.工作人员的工作习惯与行为规范； 4.危险源的监控与整改情况
	各班组的主要任务	各班组交接日常工作时需做好各项现场安全情况的检查，在发现问题时及时上报处理，并以周、月为周期开展安全评比与总结活动
	开展安全培训	各班组定期组织学习《安全生产法》《职业病防治法》等相关法律法规，同时学习企业制定的各项安全生产制度，以及工作现场紧急避险、抵御灾害、逃生自救的方法
	进行安全考核	根据《安全生产法》《职业病防治法》等法律法规定期开展安全知识的书面考核，并根据考核成绩制定培训方案
	其他事项	

6.4.2　全面成本管理

全面成本管理是企业运用成本管理的基本理论与方法，根据企业实际运营情况，优化成本投入、改善成本结构、规避运营风险的一种管理方式。在企业发展过程中，全面成本管理可以落实到生产中的每一个部门、每一个环节、每一位员工的操作中，所以全面成本管理可以有效发挥企业成本运作的实力，增强企业内部架构的优化效果。

企业全面成本管理的核心是对企业价值链进行分析，在有效的全面成本管理下，企业可以发挥最大价值。例如，企业各班组的物料用途便可以在全面成本管理之下进行细化管理，从而确保物料的使用价值最大化。班组物料的全面成本管理如图6.4-1所示。

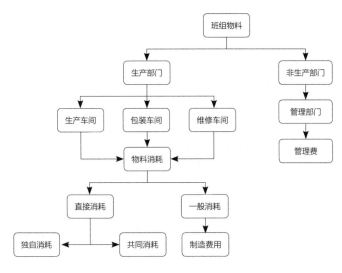

图 6.4-1　班组物料的全面成本管理

从图 6.4-1 中可以看出，企业全面成本管理是一项内容细致的内部管理，它涉及班组日常工作中的各项成本，且可以明确各项成本的走向与用途，以此提升企业的核心竞争力。

企业进行全面成本管理，需要立足长远的战略目标，并对企业价值链进行详细分析。在分析过程中，企业班组可以识别成本与内部、外部的联系，并以强化成本战略地位为目标，思考成本管控的方式方法，力求控制成本动因为企业创造竞争优势。

从企业发展的角度来看，全面成本管理包括 3 个管理重点。这 3 个管理重点分别为全部成本管理、全过程成本管理、全人员成本管理，针对这 3 个管理重点进行管控，可以优化企业全面成本管理的效果。

1. 全部成本管理

全部成本管理是指对企业生产经营过程中的物料、人工等各项支出内容进行严格的监督与管控，对成本变动进行有效、有序的控制，力求达到成本最优化、合理化的管理效果。

2. 全过程成本管理

全过程成本管理是指对产品设计、采购、生产、销售、使用等过程进行成本管控，这种管控不仅针对成本发生过程，也针对生产前与生产后的成本预估与成本补充。

3. 全人员成本管理

全人员成本管理是指对企业全部人员进行的成本管理，这种成本管理方式通过建立经济责任制，将企业成本与企业人员直接联系起来，进而明确每个人的额定成本费用，以及每个人的成本控制责任，使成本管理融入员工的工作和实际行为中。

6.4.3 零浪费生产工艺

零浪费生产工艺起源于丰田公司的准时制生产方式。美国麻省理工学院的汽车专家在研究准时制生产方式的过程中认为，丰田公司注重一种尽善尽美，追求"7个零"的终极生产状态，在这种生产状态下，企业资源浪费较低。

在丰田公司创造的"7个零"生产状态下，其每个"零"都有具体的含义，企业班组可以从中找到减少企业浪费的具体方法。

1. "零"转产工时浪费

"零"转产工时浪费是指企业在生产加工过程中，使加工品种的切换时间减少为零或接近零，在这种状态下企业生产效率的浪费也会接近零。

2. "零"库存

"零"库存并非指企业产品库存为零，而是指在产品的加工装配过程中，中间库存为零，让预估销售量与企业产量保持同步，进而避免产品生产过程中的成本闲置。

3. "零"生产浪费

"零"生产浪费是指企业避免多余的生产、运输、储存等情况的发生，减少企业的成本投入。

4. "零"不良

"零"不良不是指不良品数量为零，而是指不良生产现象为零，这种从源头杜绝不良品出现的方式可以消除企业生产成本的浪费。

5. "零" 故障

"零" 故障是指制定全面的设备管理、维护制度，确保设备正常使用期间故障为零，减少维修费用，确保生产效率。

6. "零" 停滞

"零" 停滞是指企业在生产加工过程中，最大程度减少生产前置、生产过程、生产交接等环节的停滞时间，减少企业生产时间的浪费。

7. "零" 灾害

"零" 灾害是指全面杜绝安全事故，杜绝安全隐患，减少企业因安全问题造成的损失。

丰田公司的 "7 个零" 可以被当代企业视为企业零浪费的生产工艺标准，努力追求这种生产状态，企业成本可以大幅降低。

6.4.4 SMED 改善方案

SMED（Single Minute Exchange of Die，1 分钟换模）是现代生产型企业在生产过程中采用的一种快速有效的转换方法。

所谓 SMED 的换模时间，即在企业内同一生产线的同一设备上，以前一生产任务最后一单位产品生产完毕为时间起点，以下一生产任务第一单位产品生产合格为终点，二者之间的时间间隔。

目前，将这套生产管理方法运用得最熟练的丰田公司在多年的发展中摸索出了一套对多批少量、降低库存、加快生产反应速度的有效技术，提升了自身精益管理水平。

企业通过 SMED 改善换模效果之前，需要了解具体的实施步骤，我们总结出了一套有助于企业加快换模速度、提升生产效率的 SMED 改善方案，其实施流程如下。

1. 成立技术攻关小组

实施 SMED 改善方案的第一步是成立技术攻关小组，并确定小组负责人，在技术攻关小组内建立完善的班组架构。其中组长主要负责培训组员、分析现状、作业转换检查、实施追踪、部门协调等工作；副组长负责制定转换作业的要领书、转换的对策，以及其他配合改善的工作。

2. 明确工作流程

实施 SMED 改善方案的第二步是明确工作流程，企业要明白转换企业的重点工作，主要包括了解现状、确定工作计划目标与时间节点、确定改善内容与小组成员、确定试点方案、确认现场效果、制定相应的激励机制、将改善工作标准化并进行经验推广，以及运用 PDCA 循环理论等，确定了这些重点工作，才能确保 SMED 改善方案的实施效果。

3. 实施工作 7 步法

从实施 SMED 改善方案的第三步开始便进入了具体的实施阶段，实施工作主要分为以下 7 步。

（1）第一步是观察现状。这个过程是对企业原本的换模过程进行视频拍摄，认真分析换模过程，并分析换模人员的动作，记录换模时间。

小组成员不仅要观察分析换模过程，还要在快速换模时间研究表中记录详细数据，便于对比改善前后的效果。

（2）第二步是区分内部转型、外部转型之后进行调试。

小组成员须区分换模过程中的内部转型与外部转型，并进行各种转型工作的调试。在这一过程中小组成员需要注意以下几点。

① 提前准备好换模所需的夹具与模具等，以节省换模时间。

② 进行模具调整、修理，确保模具处于良好状态。

③ 进行外部转型工作台的操作。

④ 完成换模后对夹具、模具进行整理存放。

（3）第三步是将内部转型尽量转化为外部转型，以此减少设备停机时间。由于内部转型工作需要设备停机才能完成，且设备重新启动后还需要进行各种生产测试，所以在换模过程中小组成员需要思考如何将内部转型工作转变为外部转型工作。合理减少内部转型工作也是改善换模效果的主要措施。

（4）第四步是进行内部转型工作的改善。小组成员应根据换模的实际情况通过变更作业顺序、优化作业分配等方式提升内部转型工作的效率，并建立内部转型工作的实施标准。

（5）第五步是完成外部转型工作的改善。在外部转型工作改善过程中，小组成员需要遵循三不原则，即不找、不搬、不乱。"不找"是指换模过程中不需要寻找废弃不要的模具，为这些废弃物品设置存放区域，并进行目视化管理；"不搬"是指遵循机械化、就近化原则，采取高效的外部转型方法；"不乱"是指在外部转型工作改善过程中实施标准化工作管理，并保持现场的整洁状态。

（6）第六步是将改善后的换模工作标准化、文件化。完成外部转型工作改善之后，小组成员需要对换模工作进行整理与总结，并以书面形式形成具体的换模标准。目前生产型企业常见的换模文件主要有换模操作指导书、换模标准化审核、快速换模展板等。

（7）第七步是以以上步骤为标准进行经验总结，并以书面形式呈现经验，便于小组成员就换模效果改善情况进行交流探讨，待换模效果改善情况得到确认后，在日后换模工作中重复以上步骤即可。

6.4.5　简易自动化改善

简易自动化改善是企业进行班组精益管理的主要表现，也是企业在生产过程中节省成本、提升效率的主要方式。这种企业管理方式起源于日本生产型企业的 TPM管理，其要求班组成员在生产现场逐渐形成对设备、生产的关心和改善心态，引导班组成员针对工作中出现的问题设计一些简单的改善装备，从而在企业中形成一种有效的改善体系。

1994 年之后，日本能率协会将这种诞生于企业生产现场的改善方式命名为"简便自动化改善"。

在随后的发展中，简便自动化改善开始被全球多数生产型企业运用，并得到索尼、丰田等大型生产型企业的积极响应。目前，我国生产型企业已经将简便自动化改善运用到企业精益生产、班组精益管理中，并且多家企业创造了多种改善工具、夹具以及生产线。

例如，以前在我国某机械设备生产型企业的生产现场，使用机械手臂进行零件加工方向的转换时，操作人员需要不断切换加工角度才能完成加工。通过简便自动化改善，企业升级了工件的夹具，令夹具自身具备了角度切换功能，改善费用不足一万元，却实现了十几万元的机械手臂不具备的功能，这在提升生产效率的同时更节约了人力成本。

事实上，随着国内企业的发展，生产型企业对简便自动化改善的重视程度越来越高，简便自动化改善逐渐成为企业精益管理的核心。总体而言，简便自动化改善的关键在于让员工更轻松地工作，而不是提升工作效率，从而使员工能够表现出更高的主动性，并积极思考工作难题、难点的解决方法。员工即使无法独立完成简便自动化改善，也可以在多部门的配合下完成大型、危险、难操作等生产问题的有效改善，让工作更轻松，自身状态也更积极。